The Call of the Wild

Der Ruf der Wildnis

[Bilingual Edition]

English – German

by Jack London

Translated by Möwenstein

Contents

Chapter I. Into the Primitive

Kapitel I. Ins Primitive

"Old longings nomadic leap,

"Old longings nomadic leap,

Chafing at custom's chain;

Chafing at custom's chain;

Again from its brumal sleep

Again from its brumal sleep

Wakens the ferine strain."

Wakens the ferine strain."

2.1 Buck did not read the newspapers, or he would have known that trouble was brewing, not alone for himself, but for every tide-water dog, strong of muscle and with warm, long hair, from Puget Sound to San Diego.

Buck las keine Zeitungen, sonst hätte er gewusst, dass sich nicht nur für ihn, sondern für jeden muskelbepackten, langhaarigen Gezeitenhund von Puget Sound bis San Diego Ärger anbahnte.

1

Because men, groping in the Arctic darkness, had found a yellow metal, and because steamship and transportation companies were booming the find, thousands of men were rushing into the Northland.   2.2

Weil Männer, die in der arktischen Dunkelheit herumtasteten, ein gelbes Metall gefunden hatten, und weil Dampfschifffahrts - und Transportunternehmen den Fund ausschlachteten, strömten Tausende von Männern in das Nordland.

These men wanted dogs, and the dogs they wanted were heavy dogs, with strong muscles by which to toil, and furry coats to protect them from the frost.   2.3

Diese Männer brauchten Hunde, und sie brauchten schwere Hunde mit starken Muskeln, mit denen sie sich abmühen konnten, und mit einem Pelzmantel, der sie vor dem Frost schützte.

Buck lived at a big house in the sun-kissed Santa Clara Valley.   3.1

Buck wohnte in einem großen Haus im sonnenverwöhnten Santa Clara Valley.

Judge Miller's place, it was called.   3.2

Das Haus von Richter Miller wurde es genannt.

It stood back from the road, half hidden among the trees, through which glimpses could be caught of the wide cool veranda that ran around its four sides.   3.3

Es stand abseits der Straße, halb versteckt zwischen den Bäumen, durch die man einen Blick auf die breite, kühle Veranda erhaschen konnte, die sich um die vier Seiten des Hauses zog.

3.4 The house was approached by gravelled driveways which wound about through wide-spreading lawns and under the interlacing boughs of tall poplars.

Die Zufahrt zum Haus war mit Kieselsteinen gepflastert und schlängelte sich durch weitläufige Rasenflächen und unter den Zweigen hoher Pappeln hindurch.

3.5 At the rear things were on even a more spacious scale than at the front.

Der hintere Teil des Hauses war noch geräumiger als der vordere.

3.6 There were great stables, where a dozen grooms and boys held forth, rows of vine-clad servants' cottages, an endless and orderly array of outhouses, long grape arbors, green pastures, orchards, and berry patches.

Dort befanden sich große Ställe, in denen ein Dutzend Stallknechte und - burschen untergebracht waren, Reihen von mit Weinstöcken verkleideten Dienstbotenhäusern, eine endlose Reihe von Nebengebäuden, lange Weinlauben, grüne Weiden, Obstgärten und Beerenbeete.

3.7 Then there was the pumping plant for the artesian well,

Dann gab es noch das Pumpwerk für den artesischen Brunnen und den großen Zementtank,

3.8 and the big cement tank where Judge Miller's boys took their morning plunge and kept cool in the hot afternoon.

in dem die Jungs von Richter Miller ihr morgendliches Bad nahmen und sich am heißen Nachmittag abkühlten.

4.1 And over this great demesne Buck ruled.

Und über dieses große Landgut herrschte Buck.

Here he was born,   4.2

Hier war er geboren,

and here he had lived the four years of his life.   4.3

und hier hatte er die vier Jahre seines Lebens verbracht.

It was true, there were other dogs, There could not   4.4
but be other dogs on so vast a place, but they did not
count.

Es war wahr, es gab andere Hunde, es konnte nicht anders
sein, als dass es andere Hunde auf einem so großen Gelände
gab, aber sie zählten nicht.

They came and went, resided in the populous kennels,   4.5
or lived obscurely in the recesses of the house after
the fashion of Toots, the Japanese pug, or Ysabel, the
Mexican hairless, — strange creatures that rarely put
nose out of doors or set foot to ground.

Sie kamen und gingen, wohnten in den zahlreichen
Zwingern oder lebten unauffällig in den Nischen des
Hauses, wie Toots, der japanische Mops, oder Ysabel, der
mexikanische Nackthund, seltsame Kreaturen, die selten
die Nase aus der Tür steckten oder einen Fuß auf den Boden
setzten.

On the other hand, there were the fox terriers, a score   4.6
of them at least, who yelped fearful promises at Toots
and Ysabel looking out of the windows at them and
protected by a legion of housemaids armed with
brooms and mops.

Auf der anderen Seite gab es die Foxterrier, mindestens
ein Dutzend an der Zahl, die Toots und Ysabel mit
furchterregenden Versprechungen ankläfften, wenn sie
aus den Fenstern schauten, beschützt von einer Schar von
Hausmädchen, die mit Besen und Mopps bewaffnet waren.

5.1 **But Buck was neither house-dog nor kennel-dog.**
Aber Buck war weder ein Haushund noch ein
Zwingerhund.

5.2 **The whole realm was his.**
Das ganze Reich gehörte ihm.

5.3 **He plunged into the swimming tank or went hunting
with the Judge's sons;**
Er sprang ins Schwimmbecken oder ging mit den Söhnen
des Richters auf die Jagd;

5.4 **he escorted Mollie and Alice, the Judge's daughters,
on long twilight or early morning rambles;**
er begleitete Mollie und Alice, die Töchter des Richters,
auf langen Streifzügen in der Dämmerung oder am frühen
Morgen;

5.5 **on wintry nights he lay at the Judge's feet before the
roaring library fire;**
in Winternächten lag er zu Füßen des Richters vor dem
knisternden Feuer in der Bibliothek;

5.6 **he carried the Judge's grandsons on his back, or
rolled them in the grass, and guarded their footsteps
through wild adventures down to the fountain in the
stable yard, and even beyond, where the paddocks
were, and the berry patches.**
Er trug die Enkel des Richters auf seinem Rücken oder
wälzte sie im Gras und bewachte ihre Schritte in wilden
Abenteuern bis hinunter zum Brunnen im Stallhof und
sogar darüber hinaus, wo die Koppeln und die Beerenbeete
waren.

Among the terriers he stalked imperiously, and Toots   5.7
and Ysabel he utterly ignored, for he was king, -
Unter den Terriern pirschte er sich gebieterisch heran,
und Toots und Ysabel ignorierte er völlig, denn er war der
König -

king over all creeping, crawling, flying things of   5.8
Judge Miller's place, humans included.
der König über alles Kriechende, Krabbelnde und Fliegende
auf Richter Millers Grundstück, einschließlich der
Menschen.

His father, Elmo, a huge St. Bernard, had been the   6.1
Judge's inseparable companion, and Buck bid fair to
follow in the way of his father.
Sein Vater, Elmo, ein riesiger Bernhardiner, war der
unzertrennliche Begleiter des Richters gewesen, und Buck
war bereit, in die Fußstapfen seines Vaters zu treten.

He was not so large, -   6.2
Er war nicht so groß -

he weighed only one hundred and forty pounds, -   6.3
er wog nur einhundertvierzig Pfund -,

for his mother, Shep, had been a Scotch shepherd   6.4
dog.
denn seine Mutter, Shep, war ein schottischer Schäferhund
gewesen.

Nevertheless, one hundred and forty pounds, to   6.5
which was added the dignity that comes of good
living and universal respect, enabled him to carry
himself in right royal fashion.
Doch mit seinen einhundertvierzig Pfund, zu denen noch
die Würde eines guten Lebens und die allgemeine Achtung
hinzukamen, konnte er sich königlich benehmen.

6.6 During the four years since his puppyhood he had lived the life of a sated aristocrat;

In den vier Jahren seit seiner Welpenzeit hatte er das Leben eines gesättigten Aristokraten geführt;

6.7 he had a fine pride in himself, was even a trifle egotistical, as country gentlemen sometimes become because of their insular situation.

er war sehr stolz auf sich selbst, war sogar ein wenig egoistisch, wie es die Herren vom Lande aufgrund ihrer Insellage manchmal werden.

6.8 But he had saved himself by not becoming a mere pampered house-dog.

Aber er hatte sich gerettet, indem er nicht zu einem verwöhnten Haushund wurde.

6.9 Hunting and kindred outdoor delights had kept down the fat and hardened his muscles; and to him, as to the cold-tubbing races, the love of water had been a tonic and a health preserver.

Die Jagd und ähnliche Vergnügungen in der freien Natur hatten ihn fett und muskulös gemacht, und die Liebe zum Wasser war für ihn, wie bei den Kaltwasserläufen, ein Stärkungsmittel und ein Gesundmacher gewesen.

7.1 And this was the manner of dog Buck was in the fall of 1897,

Und so ein Hund war Buck im Herbst 1897,

7.2 when the Klondike strike dragged men from all the world into the frozen North.

als der Klondike-Streik Männer aus aller Welt in den eisigen Norden zog.

But Buck did not read the newspapers, and he did not know that Manuel, one of the gardener's helpers, was an undesirable acquaintance.

7.3

Aber Buck las keine Zeitungen, und er wusste nicht, dass Manuel, einer der Helfer des Gärtners, eine unerwünschte Bekanntschaft war.

Manuel had one besetting sin.

7.4

Manuel hatte eine lässliche Sünde.

He loved to play Chinese lottery.

7.5

Er liebte es, chinesisches Lotto zu spielen.

Also, in his gambling, he had one besetting weakness -

7.6

Außerdem hatte er beim Glücksspiel eine große Schwäche -

faith in a system; and this made his damnation certain.

7.7

den Glauben an ein System, und das machte seine Verdammnis sicher.

For to play a system requires money, while the wages of a gardener's helper do not lap over the needs of a wife and numerous progeny.

7.8

Denn um ein System zu spielen, braucht man Geld, während der Lohn eines Gärtnergehilfen nicht ausreicht, um eine Frau und zahlreiche Nachkommen zu versorgen.

The Judge was at a meeting of the Raisin Growers' Association, and the boys were busy organizing an athletic club, on the memorable night of Manuel's treachery.

8.1

Der Richter befand sich in der denkwürdigen Nacht von Manuels Verrat auf einer Versammlung der Rosinenzüchtervereinigung, und die Jungen waren damit beschäftigt, einen Sportverein zu gründen.

8.2 **No one saw him and Buck go off through the orchard on what Buck imagined was merely a stroll.**

Niemand sah ihn und Buck bei einem Spaziergang durch den Obstgarten, von dem Buck annahm, dass es nur ein Spaziergang war.

8.3 **And with the exception of a solitary man,**

Und mit Ausnahme eines einsamen Mannes sah auch niemand,

8.4 **no one saw them arrive at the little flag station known as College Park.**

wie sie an der kleinen Flaggenstation namens College Park ankamen.

8.5 **This man talked with Manuel,**

Dieser Mann unterhielt sich mit Manuel,

8.6 **and money chinked between them.**

und es wurde mit Geld geflunkert.

9.1 **"You might wrap up the goods before you deliver 'm," the stranger said gruffly, and Manuel doubled a piece of stout rope around Buck's neck under the collar.**

"Du könntest die Ware einpacken, bevor du sie ablieferst," sagte der Fremde unwirsch und Manuel legte Buck ein Stück Seil unter dem Kragen um den Hals.

10.1 **"Twist it, an' you'll choke 'm plentee," said Manuel, and the stranger grunted a ready affirmative.**

"Wenn du ihn drehst, erwürgst du ihn," sagte Manuel, und der Fremde grunzte zustimmend.

11.1 **Buck had accepted the rope with quiet dignity.**

Buck hatte das Seil mit stiller Würde angenommen.

To be sure, it was an unwonted performance: but he had learned to trust in men he knew, and to give them credit for a wisdom that outreached his own.

11.2

Es war zwar eine ungewohnte Vorstellung, aber er hatte gelernt, den Männern, die er kannte, zu vertrauen und ihnen eine Weisheit zuzugestehen, die seine eigene übertraf.

But when the ends of the rope were placed in the stranger's hands,

11.3

Doch als die Enden des Seils in die Hände des Fremden gelegt wurden,

he growled menacingly.

11.4

knurrte er bedrohlich.

He had merely intimated his displeasure, in his pride believing that to intimate was to command.

11.5

Er hatte nur seinen Unmut angedeutet, weil er in seinem Stolz glaubte, dass Andeutung gleich Befehl sei.

But to his surprise the rope tightened around his neck, shutting off his breath.

11.6

Doch zu seiner Überraschung zog sich das Seil um seinen Hals zusammen und schnürte ihm den Atem ab.

In quick rage he sprang at the man, who met him halfway, grappled him close by the throat, and with a deft twist threw him over on his back.

11.7

In rasender Wut stürzte er sich auf den Mann, der ihm auf halbem Weg entgegenkam, ihn an der Kehle packte und ihn mit einer geschickten Drehung auf den Rücken warf.

11.8 Then the rope tightened mercilessly, while Buck
struggled in a fury, his tongue lolling out of his
mouth and his great chest panting futilely.
Dann zog sich das Seil unbarmherzig zusammen, während
Buck sich wütend wehrte, wobei ihm die Zunge aus dem
Mund ragte und seine große Brust vergeblich keuchte.

11.9 Never in all his life had he been so vilely treated,
Noch nie in seinem Leben war er so gemein behandelt
worden,

11.10 and never in all his life had he been so angry.
und noch nie in seinem Leben war er so wütend gewesen.

11.11 But his strength ebbed, his eyes glazed, and he knew
nothing when the train was flagged and the two men
threw him into the baggage car.
Aber seine Kräfte schwanden, seine Augen wurden glasig,
und er wusste nichts mehr, als der Zug angehalten wurde
und die beiden Männer ihn in den Gepäckwagen warfen.

12.1 The next he knew, he was dimly aware that his
tongue was hurting and that he was being jolted
along in some kind of a conveyance.
Das nächste, was er wusste, war, dass seine Zunge
schmerzte und dass er in einer Art Transportmittel
herumgeschleudert wurde.

12.2 The hoarse shriek of a locomotive whistling a
crossing told him where he was.
Der heisere Schrei einer Lokomotive, die an einer
Kreuzung pfeift, verriet ihm, wo er sich befand.

12.3 He had travelled too often with the Judge not to
know the sensation of riding in a baggage car.
Er war zu oft mit dem Richter gereist, um das Gefühl der
Fahrt in einem Gepäckwagen nicht zu kennen.

He opened his eyes, 12.4

Er öffnete die Augen,

and into them came the unbridled anger of a kidnapped king. 12.5

und in sie stieg die ungezügelte Wut eines entführten Königs.

The man sprang for his throat, 12.6

Der Mann sprang ihm an die Kehle,

but Buck was too quick for him. 12.7

aber Buck war zu schnell für ihn.

His jaws closed on the hand, nor did they relax till his senses were choked out of him once more. 12.8

Seine Kiefer schlossen sich um die Hand, und sie entspannten sich nicht, bis ihm die Sinne wieder verschluckt wurden.

"Yep, has fits," 13.1

"Ja, das passt,"

the man said, hiding his mangled hand from the baggageman, who had been attracted by the sounds of struggle. 13.2

sagte der Mann und verbarg seine verstümmelte Hand vor dem Gepäckträger, der von den Kampfgeräuschen angelockt worden war.

"I'm takin' 'm up for the boss to 'Frisco. 13.3

"Ich bringe ihn für den Boss nach Frisco.

A crack dog-doctor there thinks that he can cure 'm." 13.4

Dort gibt es einen tollen Hundedoktor, der glaubt, dass er ihn heilen kann."

14.1 Concerning that night's ride, the man spoke most eloquently for himself, in a little shed back of a saloon on the San Francisco water front.

Über die nächtliche Fahrt sprach der Mann in einem kleinen Schuppen hinter einem Saloon an der Uferpromenade von San Francisco sehr eloquent für sich selbst.

15.1 "All I get is fifty for it," he grumbled; "an' I wouldn't do it over for a thousand, cold cash."

"Alles, was ich dafür bekomme, sind fünfzig," murrte er, "und ich würde es für tausend kalte Dollar nicht noch einmal machen."

16.1 His hand was wrapped in a bloody handkerchief,

Seine Hand war in ein blutiges Taschentuch gewickelt,

16.2 and the right trouser leg was ripped from knee to ankle.

und das rechte Hosenbein war vom Knie bis zum Knöchel aufgerissen.

17.1 "How much did the other mug get?" the saloon-keeper demanded.

"Wie viel hat der andere Becher bekommen?" fragte der Wirt.

18.1 "A hundred," was the reply.

"Hundert," war die Antwort.

18.2 "Wouldn't take a sou less, so help me."

"Ich würde nicht einen Sou weniger nehmen, also hilf mir."

"That makes a hundred and fifty," 19.1
"Das macht hundertfünfzig,"

the saloon-keeper calculated; "and he's worth it, 19.2
rechnete der Wirt vor, "und er ist es wert,

or I'm a squarehead." 19.3
oder ich bin ein Spießer."

The kidnapper undid the bloody wrappings and 20.1
looked at his lacerated hand.
Der Entführer löste die blutigen Umschläge und
betrachtete seine zerfetzte Hand.

"If I don't get the hydrophoby — " 20.2
"Wenn ich das Hydrophobie nicht bekomme — "

"It'll be because you was born to hang," 21.1
"Das liegt daran, dass du zum Hängen geboren bist,"

laughed the saloon-keeper. 21.2
lachte der Saloonbesitzer.

"Here, lend me a hand before you pull your freight," 21.3
he added.
"Hier, hilf mir, bevor du deine Fracht ziehst," fügte er
hinzu.

Dazed, suffering intolerable pain from throat and 22.1
tongue, with the life half throttled out of him, Buck
attempted to face his tormentors.
Benommen, mit unerträglichen Schmerzen in Hals und
Zunge, halb erdrosselt, versuchte Buck, sich seinen
Peinigern zu stellen.

22.2 But he was thrown down and choked repeatedly, till they succeeded in filing the heavy brass collar from off his neck.

Aber er wurde zu Boden geworfen und immer wieder gewürgt, bis es ihnen gelang, ihm das schwere Messinghalsband vom Hals zu feilen.

22.3 Then the rope was removed, and he was flung into a cagelike crate.

Dann wurde das Seil entfernt und er in eine käfigartige Kiste geworfen.

23.1 There he lay for the remainder of the weary night, nursing his wrath and wounded pride.

Dort lag er für den Rest der müden Nacht und stillte seinen Zorn und seinen verletzten Stolz.

23.2 He could not understand what it all meant.

Er konnte nicht verstehen, was das alles zu bedeuten hatte.

23.3 What did they want with him, these strange men?

Was wollten sie von ihm, diese fremden Männer?

23.4 Why were they keeping him pent up in this narrow crate?

Warum hielten sie ihn in dieser engen Kiste gefangen?

23.5 He did not know why, but he felt oppressed by the vague sense of impending calamity.

Er wusste nicht, warum, aber er fühlte sich von dem unbestimmten Gefühl eines drohenden Unglücks bedrängt.

Several times during the night he sprang to his feet 23.6
when the shed door rattled open, expecting to see the
Judge, or the boys at least.

Mehrmals in der Nacht sprang er auf, als die Schuppentür
aufgerissen wurde, in der Erwartung, den Richter oder
zumindest die Jungen zu sehen.

But each time it was the bulging face of the saloon- 23.7
keeper that peered in at him by the sickly light of a
tallow candle.

Aber jedes Mal war es das wulstige Gesicht des
Saloonbesitzers, das im schwachen Licht einer Talglicht
zu ihm hereinschaute.

And each time the joyful bark that trembled in Buck's 23.8
throat was twisted into a savage growl.

Und jedes Mal verwandelte sich das freudige Bellen, das in
Bucks Kehle zitterte, in ein wildes Knurren.

But the saloon-keeper let him alone, 24.1

Aber der Wirt ließ ihn in Ruhe,

and in the morning four men entered and picked up 24.2
the crate.

und am nächsten Morgen kamen vier Männer herein und
holten die Kiste ab.

More tormentors, Buck decided, for they were 24.3
evil-looking creatures, ragged and unkempt; and
he stormed and raged at them through the bars.

Noch mehr Peiniger, entschied Buck, denn es waren böse
aussehende Gestalten, zerlumpt und ungepflegt, und er
stürmte und wütete auf sie durch die Gitterstäbe zu.

24.4 They only laughed and poked sticks at him, which he promptly assailed with his teeth till he realized that that was what they wanted.

Sie lachten nur und stießen mit Stöcken nach ihm, die er prompt mit den Zähnen attackierte, bis er merkte, dass sie genau das wollten.

24.5 Whereupon he lay down sullenly and allowed the crate to be lifted into a wagon.

Daraufhin legte er sich mürrisch hin und ließ zu, dass die Kiste in einen Wagen gehoben wurde.

24.6 Then he, and the crate in which he was imprisoned, began a passage through many hands.

Dann begann für ihn und die Kiste, in der er gefangen war, eine Reise durch viele Hände.

24.7 Clerks in the express office took charge of him;

Die Angestellten des Expressbüros kümmerten sich um ihn;

24.8 he was carted about in another wagon;

er wurde in einem anderen Wagen transportiert;

24.9 a truck carried him, with an assortment of boxes and parcels, upon a ferry steamer;

ein Lastwagen brachte ihn zusammen mit einer Reihe von Kisten und Paketen auf einen Fährdampfer;

24.10 he was trucked off the steamer into a great railway depot, and finally he was deposited in an express car.

er wurde von dem Dampfer in ein großes Eisenbahndepot gefahren und schließlich in einem Expresswagen deponiert.

For two days and nights this express car was dragged along at the tail of shrieking locomotives; and for two days and nights Buck neither ate nor drank.

25.1

Zwei Tage und Nächte lang wurde dieser Schnellzugwagen im Schlepptau kreischender Lokomotiven mitgeschleppt, und zwei Tage und Nächte lang aß und trank Buck nicht.

In his anger he had met the first advances of the express messengers with growls,

25.2

In seiner Wut hatte er die ersten Annäherungsversuche der Eilboten mit Knurren erwidert,

and they had retaliated by teasing him.

25.3

und sie hatten es ihm mit Hänseleien heimgezahlt.

When he flung himself against the bars, quivering and frothing, they laughed at him and taunted him.

25.4

Als er sich zitternd und schäumend gegen die Gitterstäbe warf, lachten sie ihn aus und verspotteten ihn.

They growled and barked like detestable dogs, mewed, and flapped their arms and crowed.

25.5

Sie knurrten und bellten wie abscheuliche Hunde, miauten, fuchtelten mit den Armen und krähten.

It was all very silly, he knew; but therefore the more outrage to his dignity, and his anger waxed and waxed.

25.6

Es war alles sehr albern, das wusste er, aber deshalb umso mehr eine Beleidigung für seine Würde, und sein Zorn wuchs und wuchs.

He did not mind the hunger so much,

25.7

Der Hunger machte ihm nicht so viel aus,

25.8 but the lack of water caused him severe suffering and fanned his wrath to fever-pitch.

aber der Wassermangel bereitete ihm großes Leid und schürte seinen Zorn bis zum Fieber.

25.9 For that matter, high-strung and finely sensitive, the ill treatment had flung him into a fever, which was fed by the inflammation of his parched and swollen throat and tongue.

Die Misshandlung hatte ihn, den hochgespannten und hochsensiblen Mann, in ein Fieber gestürzt, das durch die Entzündung seines ausgetrockneten und geschwollenen Halses und seiner Zunge noch verstärkt wurde.

26.1 He was glad for one thing: the rope was off his neck.

Er war froh, dass das Seil von seinem Hals abgenommen wurde.

26.2 That had given them an unfair advantage;

Das hatte ihnen einen unfairen Vorteil verschafft;

26.3 but now that it was off, he would show them.

aber jetzt, da es weg war, würde er es ihnen zeigen.

26.4 They would never get another rope around his neck.

Sie würden nie wieder einen Strick um seinen Hals bekommen.

26.5 Upon that he was resolved.

Dazu war er fest entschlossen.

For two days and nights he neither ate nor drank, and during those two days and nights of torment, he accumulated a fund of wrath that boded ill for whoever first fell foul of him. 26.6

Zwei Tage und Nächte lang aß und trank er nicht, und in diesen zwei Tagen und Nächten der Qual sammelte er einen Vorrat an Zorn an, der demjenigen, der ihm zuerst in die Quere kam, nichts Gutes verhieß.

His eyes turned blood-shot, 26.7

Seine Augen wurden blutunterlaufen,

and he was metamorphosed into a raging fiend. 26.8

und er verwandelte sich in einen rasenden Unhold.

So changed was he that the Judge himself would not have recognized him; and the express messengers breathed with relief when they bundled him off the train at Seattle. 26.9

Er war so verändert, dass selbst der Richter ihn nicht wiedererkannt hätte, und die Eilboten atmeten erleichtert auf, als sie ihn in Seattle aus dem Zug holten.

Four men gingerly carried the crate from the wagon into a small, 27.1

Vier Männer trugen die Kiste behutsam aus dem Wagen in einen kleinen,

high-walled back yard. 27.2

von hohen Mauern umgebenen Hinterhof.

A stout man, with a red sweater that sagged generously at the neck, came out and signed the book for the driver. 27.3

Ein stämmiger Mann mit einem roten Pullover, der am Hals weit herunterhing, kam heraus und signierte das Buch für den Fahrer.

27.4 **That was the man, Buck divined, the next tormentor, and he hurled himself savagely against the bars.**

Das war der Mann, ahnte Buck, der nächste Peiniger, und er stürzte sich wie wild gegen die Gitterstäbe.

27.5 **The man smiled grimly, and brought a hatchet and a club.**

Der Mann lächelte grimmig und brachte eine Axt und einen Knüppel mit.

28.1 **"You ain't going to take him out now?" the driver asked.**

"Wollen Sie ihn jetzt nicht ausschalten?" fragte der Fahrer.

29.1 **"Sure," the man replied,**

"Sicher," antwortete der Mann und stieß das Beil in die Kiste,

29.2 **driving the hatchet into the crate for a pry.**

um sie aufzuhebeln.

30.1 **There was an instantaneous scattering of the four men who had carried it in, and from safe perches on top the wall they prepared to watch the performance.**

Sofort verteilten sich die vier Männer, die ihn hineingetragen hatten, und bereiteten sich von sicheren Plätzen auf der Mauer aus darauf vor, die Vorstellung zu beobachten.

31.1 **Buck rushed at the splintering wood, sinking his teeth into it, surging and wrestling with it.**

Buck stürzte sich auf das splitternde Holz, biss seine Zähne hinein, wühlte und rang mit ihm.

Wherever the hatchet fell on the outside, he was there on the inside, snarling and growling, as furiously anxious to get out as the man in the red sweater was calmly intent on getting him out.

Wo auch immer das Beil auf die Außenseite fiel, war er drinnen, knurrte und knurrte, war ebenso wütend darauf bedacht, herauszukommen, wie der Mann im roten Pullover ruhig darauf bedacht war, ihn herauszuholen.

"Now, you red-eyed devil,"

"Jetzt, du rotäugiger Teufel,"

he said, when he had made an opening sufficient for the passage of Buck's body.

sagte er, als er eine Öffnung geschaffen hatte, durch die Bucks Körper passen würde.

At the same time he dropped the hatchet and shifted the club to his right hand.

Gleichzeitig ließ er das Beil fallen und nahm die Keule in die rechte Hand.

And Buck was truly a red-eyed devil, as he drew himself together for the spring, hair bristling, mouth foaming, a mad glitter in his blood-shot eyes.

Und Buck war wahrhaftig ein rotäugiger Teufel, als er sich zum Sprung aufraffte, die Haare strähnig, den Mund schäumend, ein wahnsinniges Glitzern in den blutunterlaufenen Augen.

Straight at the man he launched his one hundred and forty pounds of fury,

Direkt auf den Mann stürzte er sich mit seinen einhundertvierzig Pfund Wut,

33.3 surcharged with the pent passion of two days and nights.

aufgeladen mit der aufgestauten Leidenschaft von zwei Tagen und Nächten.

33.4 In mid air, just as his jaws were about to close on the man, he received a shock that checked his body and brought his teeth together with an agonizing clip.

Mitten in der Luft, gerade als sich sein Kiefer auf den Mann zubewegen wollte, bekam er einen Schlag, der seinen Körper bremste und seine Zähne mit einem quälenden Knacken zusammenbrachte.

33.5 He whirled over, fetching the ground on his back and side.

Er wirbelte herum und holte mit dem Rücken und der Seite den Boden ein.

33.6 He had never been struck by a club in his life, and did not understand.

Er hatte noch nie in seinem Leben einen Schlag mit einem Knüppel erhalten und verstand es nicht.

33.7 With a snarl that was part bark and more scream he was again on his feet and launched into the air.

Mit einem Knurren, das halb Bellen, halb Schreien war, kam er wieder auf die Beine und flog in die Luft.

33.8 And again the shock came and he was brought crushingly to the ground.

Und wieder kam der Schock, und er wurde mit voller Wucht auf den Boden geworfen.

33.9 This time he was aware that it was the club, but his madness knew no caution.

Diesmal war er sich bewusst, dass es die Keule war, aber sein Wahnsinn kannte keine Vorsicht.

A dozen times he charged,   33.10

Ein Dutzend Mal stürmte er vor,

and as often the club broke the charge and smashed   33.11
him down.

und ebenso oft brach der Knüppel den Angriff und schlug
ihn nieder.

After a particularly fierce blow, he crawled to his feet,   34.1
too dazed to rush.

Nach einem besonders heftigen Schlag kroch er auf die
Beine, zu benommen, um zu rennen.

He staggered limply about, the blood flowing from   34.2
nose and mouth and ears, his beautiful coat sprayed
and flecked with bloody slaver.

Er taumelte schlaff umher, das Blut floss aus Nase, Mund
und Ohren, sein schöner Mantel war mit blutigem
Sklavenfleisch bespritzt und gesprenkelt.

Then the man advanced and deliberately dealt him a   34.3
frightful blow on the nose.

Dann trat der Mann vor und versetzte ihm absichtlich
einen furchtbaren Schlag auf die Nase.

All the pain he had endured was as nothing compared   34.4
with the exquisite agony of this.

All die Schmerzen, die er bis dahin ertragen hatte, waren
nichts im Vergleich zu den exquisiten Qualen, die er jetzt
erlitt.

With a roar that was almost lionlike in its ferocity, he   34.5
again hurled himself at the man.

Mit einem Brüllen, das in seiner Wildheit fast löwenhaft
war, stürzte er sich erneut auf den Mann.

34.6 But the man, shifting the club from right to left, coolly caught him by the under jaw, at the same time wrenching downward and backward.

Aber der Mann, der die Keule von rechts nach links bewegte, erwischte ihn kühl am Unterkiefer und riss ihn gleichzeitig nach unten und nach hinten.

34.7 Buck described a complete circle in the air, and half of another, then crashed to the ground on his head and chest.

Buck beschrieb einen kompletten Kreis in der Luft und die Hälfte eines weiteren, dann stürzte er mit dem Kopf und der Brust zu Boden.

35.1 For the last time he rushed.

Zum letzten Mal stürzte er.

35.2 The man struck the shrewd blow he had purposely withheld for so long, and Buck crumpled up and went down, knocked utterly senseless.

Der Mann versetzte ihm den geschickten Schlag, den er so lange zurückgehalten hatte, und Buck sackte zusammen und ging zu Boden, völlig bewusstlos.

36.1 "He's no slouch at dog-breakin', that's wot I say,"

"Er ist kein schlechter Hundebrecher, das sage ich,"

36.2 one of the men on the wall cried enthusiastically.

rief einer der Männer auf der Mauer begeistert.

37.1 "Druther break cayuses any day, and twice on Sundays,"

"Druther break cayuses any day, and twice on Sundays,"

37.2 was the reply of the driver,

war die Antwort des Kutschers,

as he climbed on the wagon and started the horses.   37.3
als er auf den Wagen stieg und die Pferde anspannte.

Buck's senses came back to him, but not his strength.   38.1
Buck kam wieder zu Sinnen, aber nicht zu Kräften.

He lay where he had fallen, and from there he   38.2
watched the man in the red sweater.
Er blieb liegen, wo er gefallen war, und beobachtete von
dort aus den Mann im roten Pullover.

"'Answers to the name of Buck, "'   39.1
"Antworten auf den Namen Buck,"

the man soliloquized,   39.2
sprach der Mann und zitierte aus dem Brief des
Saloonbesitzers,

quoting from the saloon-keeper's letter which   39.3
had announced the consignment of the crate and
contents.
der die Übergabe der Kiste samt Inhalt angekündigt hatte.

"Well, Buck, my boy,"   39.4
"Nun, Buck, mein Junge,"

he went on in a genial voice,   39.5
fuhr er mit freundlicher Stimme fort,

"we've had our little ruction, and the best thing we   39.6
can do is to let it go at that.
"wir hatten unseren kleinen Streit, und das Beste, was wir
tun können, ist, es dabei zu belassen.

You've learned your place, and I know mine.   39.7
Du hast deinen Platz kennengelernt, und ich kenne
meinen.

39.8 **Be a good dog and all 'll go well and the goose hang high.**
Sei ein guter Hund, und alles wird gut gehen, und die Gans hängt hoch.

39.9 **Be a bad dog,**
Wenn du ein böser Hund bist,

39.10 **and I'll whale the stuffin' outa you.**
werde ich dir das Zeug aus dem Leib prügeln.

39.11 **Understand?"**
Hast du verstanden?"

40.1 **As he spoke he fearlessly patted the head he had so mercilessly pounded, and though Buck's hair involuntarily bristled at touch of the hand, he endured it without protest.**
Während er sprach, tätschelte er furchtlos den Kopf, den er so unbarmherzig geschlagen hatte, und obwohl sich Bucks Haare bei der Berührung der Hand unwillkürlich sträubten, ertrug er sie ohne Protest.

40.2 **When the man brought him water he drank eagerly, and later bolted a generous meal of raw meat, chunk by chunk, from the man's hand.**
Als der Mann ihm Wasser brachte, trank er eifrig, und später stürzte er sich auf eine großzügige Mahlzeit aus rohem Fleisch, Stück für Stück, aus der Hand des Mannes.

41.1 **He was beaten (he knew that); but he was not broken.**
Er war besiegt (das wusste er), aber er war nicht gebrochen.

41.2 **He saw, once for all, that he stood no chance against a man with a club.**
Er sah ein für alle Mal, dass er gegen einen Mann mit einem Knüppel keine Chance hatte.

He had learned the lesson, and in all his after life he never forgot it.

41.3

Er hatte die Lektion gelernt und vergaß sie in seinem ganzen weiteren Leben nicht.

That club was a revelation.

41.4

Diese Keule war eine Offenbarung.

It was his introduction to the reign of primitive law,

41.5

Es war seine Einführung in die Herrschaft des primitiven Rechts,

and he met the introduction halfway.

41.6

und er traf die Einführung auf halbem Wege.

The facts of life took on a fiercer aspect;

41.7

Die Tatsachen des Lebens nahmen einen schärferen Aspekt an;

and while he faced that aspect uncowed,

41.8

und während er sich diesem Aspekt ungebremst stellte,

he faced it with all the latent cunning of his nature aroused.

41.9

stellte er sich ihm mit all der verborgenen Schlauheit seiner Natur.

As the days went by, other dogs came, in crates and at the ends of ropes, some docilely, and some raging and roaring as he had come; and, one and all, he watched them pass under the dominion of the man in the red sweater.

41.10

Im Laufe der Tage kamen andere Hunde, in Kisten und an Leinen, manche fügsam, andere tobend und brüllend, wie er gekommen war, und er sah sie alle unter der Herrschaft des Mannes im roten Pullover vorüberziehen.

41.11 **Again and again, as he looked at each brutal performance, the lesson was driven home to Buck:**

Immer wieder wurde Buck beim Anblick der brutalen Darbietung die Lektion vor Augen geführt:

41.12 **a man with a club was a lawgiver, a master to be obeyed, though not necessarily conciliated.**

Ein Mann mit einem Knüppel war ein Gesetzgeber, ein Herr, dem man gehorchen musste, auch wenn man sich nicht unbedingt mit ihm versöhnen musste.

41.13 **Of this last Buck was never guilty, though he did see beaten dogs that fawned upon the man, and wagged their tails, and licked his hand.**

An letzterem war Buck nie schuldig, obwohl er geschlagene Hunde sah, die den Mann anschmachteten, mit dem Schwanz wedelten und seine Hand leckten.

41.14 **Also he saw one dog, that would neither conciliate nor obey, finally killed in the struggle for mastery.**

Er sah auch, wie ein Hund, der weder gehorchen noch sich fügen wollte, schließlich im Kampf um die Herrschaft getötet wurde.

42.1 **Now and again men came, strangers, who talked excitedly, wheedlingly, and in all kinds of fashions to the man in the red sweater.**

Ab und zu kamen Männer, Fremde, die aufgeregt, abwertend und in allerlei Art und Weise mit dem Mann im roten Pullover sprachen.

42.2 **And at such times that money passed between them the strangers took one or more of the dogs away with them.**

Und wenn Geld zwischen ihnen ausgetauscht wurde, nahmen die Fremden einen oder mehrere der Hunde mit.

Buck wondered where they went, for they never came back;   42.3

Buck fragte sich, wohin sie gingen, denn sie kamen nie zurück;

but the fear of the future was strong upon him, and he was glad each time when he was not selected.   42.4

aber die Angst vor der Zukunft war stark in ihm, und er war jedes Mal froh, wenn er nicht ausgewählt wurde.

Yet his time came, in the end, in the form of a little weazened man who spat broken English and many strange and uncouth exclamations which Buck could not understand.   43.1

Doch seine Zeit kam schließlich in Form eines kleinen abgemagerten Mannes, der gebrochenes Englisch und viele seltsame und ungehobelte Ausrufe spuckte, die Buck nicht verstehen konnte.

"Sacredam!" he cried, when his eyes lit upon Buck.   44.1

"Sacredam!" rief er, als sein Blick auf Buck fiel.

"Dat one dam bully dog! Eh? How moch?"   44.2

"Das ist ein verdammter Rüpelhund! Hm? Wie viel?"

"Three hundred, and a present at that,"   45.1

"Dreihundert, und noch dazu ein Geschenk,"

was the prompt reply of the man in the red sweater.   45.2

antwortete der Mann im roten Pullover prompt.

"And seem' it's government money, you ain't got no kick coming, eh, Perrault?"   45.3

"Und da es sich um Regierungsgelder handelt, werden Sie wohl keinen Tritt bekommen, was, Perrault?"

46.1 **Perrault grinned.**
Perrault grinste.

46.2 **Considering that the price of dogs had been boomed skyward by the unwonted demand, it was not an unfair sum for so fine an animal.**
In Anbetracht der Tatsache, dass der Preis für Hunde durch die ungewohnte Nachfrage in die Höhe getrieben worden war, war dies keine unangemessene Summe für ein so schönes Tier.

46.3 **The Canadian Government would be no loser,**
Die kanadische Regierung wäre kein Verlierer,

46.4 **nor would its despatches travel the slower.**
und ihre Sendungen würden auch nicht langsamer reisen.

46.5 **Perrault knew dogs, and when he looked at Buck he knew that he was one in a thousand -**
Perrault kannte sich mit Hunden aus, und wenn er Buck ansah, wusste er, dass er einer von Tausenden war -

46.6 **"One in ten t'ousand," he commented mentally.**
"einer von zehntausend," kommentierte er im Geiste.

47.1 **Buck saw money pass between them, and was not surprised when Curly, a good-natured Newfoundland, and he were led away by the little weazened man.**
Buck sah, wie Geld zwischen ihnen hin und her ging, und war nicht überrascht, als Curly, ein gutmütiger Neufundländer, und er von dem kleinen, abgemagerten Mann abgeführt wurden.

That was the last he saw of the man in the red
sweater, and as Curly and he looked at receding
Seattle from the deck of the Narwhal, it was the last
he saw of the warm Southland.

47.2

Das war das letzte, was er von dem Mann im roten Pullover
sah, und als Curly und er vom Deck der Narwhal auf das
sich entfernende Seattle blickten, war es das letzte, was er
vom warmen Südland sah.

Curly and he were taken below by Perrault and
turned over to a black-faced giant called François.

47.3

Curly und er wurden von Perrault unter Deck gebracht
und einem schwarzgesichtigen Riesen namens François
übergeben.

Perrault was a French-Canadian, and swarthy; but
François was a French-Canadian half-breed, and
twice as swarthy.

47.4

Perrault war ein Frankokanadier und dunkelhäutig, aber
François war ein frankokanadisches Halbblut und doppelt
so dunkelhäutig.

They were a new kind of men to Buck (of which
he was destined to see many more), and while he
developed no affection for them, he none the less
grew honestly to respect them.

47.5

Sie waren eine neue Art von Männern für Buck (von denen
er noch viele sehen sollte), und obwohl er keine Zuneigung
zu ihnen entwickelte, wuchs dennoch sein ehrlicher
Respekt für sie.

47.6　He speedily learned that Perrault and François were fair men, calm and impartial in administering justice, and too wise in the way of dogs to be fooled by dogs.

Er lernte schnell, dass Perrault und François gerechte Männer waren, ruhig und unparteiisch in der Rechtsprechung und zu weise, um sich von Hunden täuschen zu lassen.

48.1　In the 'tween-decks of the Narwhal, Buck and Curly joined two other dogs.

Auf dem Zwischendeck der Narwhal gesellten sich Buck und Curly zu zwei anderen Hunden.

48.2　One of them was a big, snow-white fellow from Spitzbergen who had been brought away by a whaling captain, and who had later accompanied a Geological Survey into the Barrens.

Einer von ihnen war ein großer, schneeweißer Kerl aus Spitzbergen, der von einem Walfangkapitän mitgenommen worden war und später eine geologische Untersuchung in die Barrens begleitet hatte.

48.3　He was friendly, in a treacherous sort of way, smiling into one's face the while he meditated some underhand trick, as, for instance, when he stole from Buck's food at the first meal.

Er war freundlich, auf eine verräterische Art und Weise, lächelte einem ins Gesicht, während er sich irgendeinen hinterhältigen Trick ausdachte, wie zum Beispiel, als er bei der ersten Mahlzeit von Bucks Essen stahl.

As Buck sprang to punish him, the lash of François's whip sang through the air, reaching the culprit first; and nothing remained to Buck but to recover the bone.

48.4

Als Buck aufsprang, um ihn zu bestrafen, sauste der Peitschenhieb von François durch die Luft und erreichte den Übeltäter zuerst, und Buck blieb nichts anderes übrig, als den Knochen wiederzubekommen.

That was fair of François, he decided, and the half-breed began his rise in Buck's estimation.

48.5

Das war fair von François, entschied er, und das Halbblut begann seinen Aufstieg in Bucks Ansehen.

The other dog made no advances, nor received any;

49.1

Der andere Hund machte keine Annäherungsversuche und nahm auch keine an;

also, he did not attempt to steal from the newcomers.

49.2

er versuchte auch nicht, die Neuankömmlinge zu bestehlen.

He was a gloomy, morose fellow, and he showed Curly plainly that all he desired was to be left alone, and further, that there would be trouble if he were not left alone.

49.3

Er war ein düsterer, mürrischer Kerl und zeigte Curly deutlich, dass er nur in Ruhe gelassen werden wollte und dass es Ärger geben würde, wenn man ihn nicht in Ruhe ließe.

"Dave"

49.4

"Dave"

49.5 he was called, and he ate and slept, or yawned
between times, and took interest in nothing, not
even when the Narwhal crossed Queen Charlotte
Sound and rolled and pitched and bucked like a thing
possessed.

wurde er genannt, und er aß und schlief oder gähnte
zwischendurch und interessierte sich für nichts, auch
nicht, als der Narwal den Queen-Charlotte-Sund
durchquerte und wie ein Besessener rollte und stampfte
und bockte.

49.6 When Buck and Curly grew excited, half wild with
fear, he raised his head as though annoyed, favored
them with an incurious glance, yawned, and went to
sleep again.

Wenn Buck und Curly aufgeregt waren, halb wild vor
Angst, hob er den Kopf, als ob er sich ärgern würde, warf
ihnen einen gleichgültigen Blick zu, gähnte und schlief
wieder ein.

50.1 Day and night the ship throbbed to the tireless pulse
of the propeller, and though one day was very like
another, it was apparent to Buck that the weather
was steadily growing colder.

Tag und Nacht pochte das Schiff unter dem unermüdlichen
Puls der Schiffsschraube, und obwohl ein Tag dem anderen
glich, war es für Buck offensichtlich, dass das Wetter
immer kälter wurde.

50.2 At last, one morning, the propeller was quiet, and
the Narwhal was pervaded with an atmosphere of
excitement.

Endlich, eines Morgens, war die Schiffsschraube still,
und der Narwal war von einer aufregenden Atmosphäre
durchdrungen.

He felt it, as did the other dogs, and knew that a change was at hand. 50.3

Er spürte es, ebenso wie die anderen Hunde, und wusste, dass eine Veränderung bevorstand.

François leashed them and brought them on deck. 50.4

François leinte sie an und brachte sie an Deck.

At the first step upon the cold surface, 50.5

Beim ersten Schritt auf die kalte Oberfläche sanken Bucks Füße in einen weißen Brei,

Buck's feet sank into a white mushy something very like mud. 50.6

der dem Schlamm sehr ähnlich war.

He sprang back with a snort. 50.7

Mit einem Schnauben sprang er zurück.

More of this white stuff was falling through the air. 50.8

Immer mehr von diesem weißen Zeug fiel durch die Luft.

He shook himself, but more of it fell upon him. 50.9

Er schüttelte sich, aber es fiel noch mehr davon auf ihn.

He sniffed it curiously, 50.10

Er schnupperte neugierig daran,

then licked some up on his tongue. 50.11

dann leckte er etwas davon mit der Zunge auf.

It bit like fire, and the next instant was gone. 50.12

Es biss wie Feuer, und im nächsten Augenblick war es weg.

This puzzled him. He tried it again, 50.13

Das verwirrte ihn. Er versuchte es noch einmal,

50.14 **with the same result.**
mit demselben Ergebnis.

50.15 **The onlookers laughed uproariously, and he felt ashamed, he knew not why, for it was his first snow.**
Die Zuschauer lachten schallend, und er schämte sich, er wusste nicht warum, denn es war sein erster Schnee.

Chapter II. The Law of Club and Fang

Kapitel II. Das Gesetz von Keule und Fang

1.1 Buck's first day on the Dyea beach was like a nightmare.

Bucks erster Tag am Strand von Dyea war wie ein Albtraum.

1.2 Every hour was filled with shock and surprise.

Jede Stunde war geprägt von Schock und Überraschung.

1.3 He had been suddenly jerked from the heart of civilization and flung into the heart of things primordial.

Er war plötzlich aus dem Herzen der Zivilisation gerissen und in das Herz der Urwelt geschleudert worden.

1.4 No lazy, sun-kissed life was this, with nothing to do but loaf and be bored.

Das war kein faules, sonnenverwöhntes Leben, in dem es nichts zu tun gab, außer zu faulenzen und sich zu langweilen.

Here was neither peace, nor rest, nor a moment's safety.

1.5

Hier gab es weder Frieden, noch Ruhe, noch einen Moment Sicherheit.

All was confusion and action,

1.6

Alles war Verwirrung und Aktion,

and every moment life and limb were in peril.

1.7

und jeden Augenblick waren Leib und Leben in Gefahr.

There was imperative need to be constantly alert; for these dogs and men were not town dogs and men.

1.8

Ständige Wachsamkeit war zwingend erforderlich, denn diese Hunde und Männer waren keine Stadthunde und - männer.

They were savages, all of them, who knew no law but the law of club and fang.

1.9

Sie waren allesamt Wilde, die kein anderes Gesetz kannten als das der Keulen und Reißzähne.

He had never seen dogs fight as these wolfish creatures fought, and his first experience taught him an unforgetable lesson.

2.1

Er hatte noch nie Hunde kämpfen sehen, wie diese wölfischen Kreaturen kämpften, und seine erste Erfahrung lehrte ihn eine unvergessliche Lektion.

It is true, it was a vicarious experience, else he would not have lived to profit by it.

2.2

Es ist wahr, es war ein stellvertretendes Erlebnis, sonst hätte er nicht überlebt, um davon zu profitieren.

Curly was the victim.

2.3

Curly war das Opfer.

2.4 They were camped near the log store, where she, in her friendly way, made advances to a husky dog the size of a full-grown wolf, though not half so large as she.

Sie lagerten in der Nähe des Holzlagers, wo sie sich in ihrer freundlichen Art einem Schlittenhund näherte, der so groß war wie ein ausgewachsener Wolf, wenn auch nicht halb so groß wie sie.

2.5 There was no warning, only a leap in like a flash, a metallic clip of teeth, a leap out equally swift, and Curly's face was ripped open from eye to jaw.

Es gab keine Vorwarnung, nur einen blitzschnellen Sprung hinein, ein metallisches Fletschen der Zähne, einen ebenso schnellen Sprung hinaus, und Curlys Gesicht wurde vom Auge bis zum Kiefer aufgerissen.

3.1 It was the wolf manner of fighting,

Es war die Art der Wölfe zu kämpfen,

3.2 to strike and leap away; but there was more to it than this.

zuzuschlagen und wegzuspringen; aber es war mehr als das.

3.3 Thirty or forty huskies ran to the spot and surrounded the combatants in an intent and silent circle.

Dreißig oder vierzig Huskys rannten auf die Stelle zu und umringten die Kämpfenden in einem absichtlichen und stillen Kreis.

3.4 Buck did not comprehend that silent intentness,

Buck verstand weder diese stille Aufmerksamkeit noch die eifrige Art,

nor the eager way with which they were licking their chops. _{3.5}

3.5

mit der sie sich die Koteletts leckten.

Curly rushed her antagonist, 3.6

Curly stürzte sich auf ihren Widersacher,

who struck again and leaped aside. 3.7

der erneut zuschlug und zur Seite sprang.

He met her next rush with his chest, in a peculiar fashion that tumbled her off her feet. 3.8

Er traf ihren nächsten Stoß mit der Brust, und zwar auf eine Weise, die sie von den Füßen stürzte.

She never regained them, 3.9

Sie kam nie wieder auf die Beine,

This was what the onlooking huskies had waited for. 3.10

Darauf hatten die aufmerksamen Huskys nur gewartet.

They closed in upon her, snarling and yelping, and she was buried, screaming with agony, beneath the bristling mass of bodies. 3.11

Sie stürzten sich knurrend und kläffend auf sie und begruben sie mit einem Schmerzensschrei unter der wogenden Masse von Körpern.

So sudden was it, and so unexpected, that Buck was taken aback. 4.1

Es geschah so plötzlich und unerwartet, dass Buck überrascht war.

4.2 He saw Spitz run out his scarlet tongue in a way he had of laughing; and he saw François, swinging an axe, spring into the mess of dogs.

Er sah, wie Spitz seine scharlachrote Zunge herausstreckte, so als würde er lachen, und er sah, wie François, eine Axt schwingend, in das Durcheinander der Hunde sprang.

4.3 Three men with clubs were helping him to scatter them.

Drei Männer mit Knüppeln halfen ihm, sie zu zerstreuen.

4.4 It did not take long.

Es dauerte nicht lange.

4.5 Two minutes from the time Curly went down, the last of her assailants were clubbed off.

Zwei Minuten, nachdem Curly zu Boden gegangen war, waren auch die letzten Angreifer niedergeschlagen.

4.6 But she lay there limp and lifeless in the bloody, trampled snow, almost literally torn to pieces, the swart half-breed standing over her and cursing horribly.

Aber sie lag schlaff und leblos im blutigen, zertrampelten Schnee, fast buchstäblich in Stücke gerissen, und das schwule Halbblut stand über ihr und fluchte fürchterlich.

4.7 The scene often came back to Buck to trouble him in his sleep.

Die Szene kam Buck oft in den Sinn, um ihn im Schlaf zu stören.

4.8 So that was the way. No fair play. Once down,

Das war also der Weg. Kein Fairplay. Einmal am Boden,

4.9 that was the end of you.

war es das Ende.

Well, he would see to it that he never went down.

4.10

Nun, er würde dafür sorgen, dass er nie zu Boden ging.

Spitz ran out his tongue and laughed again,

4.11

Spitz streckte ihm die Zunge heraus und lachte wieder,

and from that moment Buck hated him with a bitter and deathless hatred.

4.12

und von diesem Moment an hasste Buck ihn mit einem bitteren und unsterblichen Hass.

Before he had recovered from the shock caused by the tragic passing of Curly, he received another shock.

5.1

Bevor er sich von dem Schock, den das tragische Ableben von Curly verursacht hatte, erholt hatte, erhielt er einen weiteren Schock.

François fastened upon him an arrangement of straps and buckles.

5.2

François legte ihm eine Anordnung von Riemen und Schnallen an.

It was a harness,

5.3

Es war ein Geschirr,

such as he had seen the grooms put on the horses at home.

5.4

wie er es bei den Pferdepflegern zu Hause gesehen hatte.

And as he had seen horses work, so he was set to work, hauling François on a sled to the forest that fringed the valley, and returning with a load of firewood.

5.5

Und da er gesehen hatte, wie Pferde arbeiteten, wurde er eingesetzt, um François auf einem Schlitten in den Wald zu ziehen, der das Tal säumte, und mit einer Ladung Brennholz zurückzukehren.

5.6 Though his dignity was sorely hurt by thus being made a draught animal, he was too wise to rebel.
Obwohl es seine Würde verletzte, zum Zugtier gemacht zu werden, war er zu klug, um zu rebellieren.

5.7 He buckled down with a will and did his best,
Er gab sein Bestes,

5.8 though it was all new and strange.
obwohl das alles neu und fremd war.

5.9 François was stern, demanding instant obedience, and by virtue of his whip receiving instant obedience; while Dave, who was an experienced wheeler, nipped Buck's hind quarters whenever he was in error.
François war streng und verlangte sofortigen Gehorsam, den er mit seiner Peitsche auch prompt erhielt, während Dave, der ein erfahrener Lenker war, Buck in den Hintern zwickte, wenn er sich irrte.

5.10 Spitz was the leader, likewise experienced, and while he could not always get at Buck, he growled sharp reproof now and again, or cunningly threw his weight in the traces to jerk Buck into the way he should go.
Spitz war der Anführer, ebenfalls erfahren, und obwohl er Buck nicht immer erreichen konnte, knurrte er hin und wieder scharfe Vorwürfe oder legte sein Gewicht geschickt in die Spuren, um Buck in die richtige Richtung zu lenken.

5.11 Buck learned easily, and under the combined tuition of his two mates and François made remarkable progress.
Buck lernte leicht und machte unter dem gemeinsamen Unterricht seiner beiden Kameraden und von François bemerkenswerte Fortschritte.

Ere they returned to camp he knew enough to stop at "ho," 5.12

Bevor sie ins Lager zurückkehrten, wusste er genug, um bei "ho"

to go ahead at "mush," 5.13

anzuhalten, bei "mush"

to swing wide on the bends, and to keep clear of the wheeler when the loaded sled shot downhill at their heels. 5.14

vorauszufahren, in den Kurven weit auszuschwenken und sich vom Wheeler fernzuhalten, wenn der beladene Schlitten ihnen bergab auf den Fersen schoss.

"T'ree vair' good dogs," François told Perrault. 6.1

"Das sind vair' gute Hunde," sagte François zu Perrault.

"Dat Buck, heem pool lak hell. 6.2

"Der Buck, der ist so schlau wie die Hölle.

I tich heem queek as anyt'ing." 6.3

Ich glaube, er ist so witzig wie kein anderer."

By afternoon, Perrault, who was in a hurry to be on the trail with his despatches, returned with two more dogs. 7.1

Am Nachmittag kam Perrault, der es eilig hatte, mit seinen Depeschen weiterzukommen, mit zwei weiteren Hunden zurück.

"Billee" and "Joe" he called them, two brothers, and true huskies both. 7.2

"Billee" und "Joe", er nannte sie, zwei Brüder, und beide waren echte Huskys.

46

7.3 **Sons of the one mother though they were,**
Obwohl sie Söhne der gleichen Mutter waren,

7.4 **they were as different as day and night.**
waren sie so unterschiedlich wie Tag und Nacht.

7.5 **Billee's one fault was his excessive good nature, while Joe was the very opposite, sour and introspective, with a perpetual snarl and a malignant eye.**
Billees einziger Fehler war seine übermäßige Gutmütigkeit, während Joe das genaue Gegenteil war, mürrisch und in sich gekehrt, mit einem ständigen Knurren und einem bösartigen Blick.

7.6 **Buck received them in comradely fashion, Dave ignored them, while Spitz proceeded to thrash first one and then the other.**
Buck empfing sie kameradschaftlich, Dave ignorierte sie, während Spitz erst den einen und dann den anderen verprügelte.

7.7 **Billee wagged his tail appeasingly, turned to run when he saw that appeasement was of no avail, and cried (still appeasingly) when Spitz's sharp teeth scored his flank.**
Billee wedelte beschwichtigend mit dem Schwanz, drehte sich um und rannte los, als er sah, dass Beschwichtigungen nichts nützten, und schrie (immer noch beschwichtigend), als Spitz' scharfe Zähne seine Flanke trafen.

But no matter how Spitz circled, Joe whirled around on his heels to face him, mane bristling, ears laid back, lips writhing and snarling, jaws clipping together as fast as he could snap, and eyes diabolically gleaming -   7.8

Doch egal, wie Spitz ihn umkreiste, Joe wirbelte auf den Fersen herum und stellte sich ihm entgegen, die Mähne sträubte sich, die Ohren legten sich nach hinten, die Lippen zuckten und knurrten, die Kiefer schnappten so schnell zusammen, wie er schnappen konnte, und die Augen funkelten diabolisch -

the incarnation of belligerent fear.   7.9

die Verkörperung der streitlustigen Angst.

So terrible was his appearance that Spitz was forced to forego disciplining him;   7.10

Seine Erscheinung war so schrecklich, dass Spitz gezwungen war, auf eine Züchtigung zu verzichten;

but to cover his own discomfiture he turned upon the inoffensive and wailing Billee and drove him to the confines of the camp.   7.11

aber um sein eigenes Unbehagen zu verbergen, wandte er sich dem harmlosen und jammernden Billee zu und trieb ihn an den Rand des Lagers.

By evening Perrault secured another dog, an old husky, long and lean and gaunt, with a battle-scarred face and a single eye which flashed a warning of prowess that commanded respect.   8.1

Am Abend besorgte sich Perrault einen weiteren Hund, einen alten Husky, lang, mager und abgemagert, mit einem kampfnarbigen Gesicht und einem einzigen Auge, das eine Warnung vor der Stärke aufblitzen ließ, die Respekt einforderte.

8.2 He was called Sol-leks, which means the Angry One.
Er wurde Sol-leks genannt, was "der Zornige" bedeutet.

8.3 Like Dave, he asked nothing, gave nothing, expected nothing;
Wie Dave verlangte er nichts, gab nichts, erwartete nichts;

8.4 and when he marched slowly and deliberately into their midst,
und als er langsam und bedächtig in ihre Mitte marschierte,

8.5 even Spitz left him alone.
ließ ihn sogar Spitz in Ruhe.

8.6 He had one peculiarity which Buck was unlucky enough to discover.
Er hatte eine Besonderheit, die Buck unglücklicherweise entdeckte.

8.7 He did not like to be approached on his blind side.
Er mochte es nicht, wenn man sich ihm von der blinden Seite her näherte.

8.8 Of this offence Buck was unwittingly guilty, and the first knowledge he had of his indiscretion was when Sol-leks whirled upon him and slashed his shoulder to the bone for three inches up and down.
Dieses Vergehens machte sich Buck unwissentlich schuldig, und das erste Mal, dass er von seiner Indiskretion erfuhr, war, als Sol-leks auf ihn zustürmte und seine Schulter drei Zentimeter hoch und runter bis auf den Knochen aufschlitzte.

8.9 Forever after Buck avoided his blind side, and to the last of their comradeship had no more trouble.
Danach mied Buck für immer seine blinde Seite und hatte bis zum Ende ihrer Kameradschaft keine Probleme mehr.

His only apparent ambition, like Dave's, was to be left alone;   8.10

Sein einziger offensichtlicher Ehrgeiz war, wie der von Dave, in Ruhe gelassen zu werden;

though, as Buck was afterward to learn, each of them possessed one other and even more vital ambition.   8.11

doch wie Buck später erfahren sollte, besaß jeder von ihnen noch einen anderen, noch wichtigeren Ehrgeiz.

That night Buck faced the great problem of sleeping.   9.1

In dieser Nacht stand Buck vor dem großen Problem des Schlafens.

The tent, illumined by a candle, glowed warmly in the midst of the white plain;   9.2

Das von einer Kerze beleuchtete Zelt leuchtete warm inmitten der weißen Ebene;

and when he, as a matter of course, entered it, both Perrault and François bombarded him with curses and cooking utensils, till he recovered from his consternation and fled ignominiously into the outer cold.   9.3

und als er es wie selbstverständlich betrat, bombardierten ihn sowohl Perrault als auch François mit Flüchen und Kochutensilien, bis er sich von seiner Bestürzung erholte und schmachvoll in die äußere Kälte floh.

A chill wind was blowing that nipped him sharply and bit with especial venom into his wounded shoulder.   9.4

Es wehte ein kalter Wind, der ihn heftig zwickte und mit besonderem Gift in seine verwundete Schulter biss.

He lay down on the snow and attempted to sleep,   9.5

Er legte sich in den Schnee und versuchte zu schlafen,

9.6 but the frost soon drove him shivering to his feet.

aber der Frost trieb ihn bald zitternd auf die Beine.

9.7 Miserable and disconsolate, he wandered about among the many tents, only to find that one place was as cold as another.

Unglücklich und untröstlich wanderte er zwischen den vielen Zelten umher, nur um festzustellen, dass ein Ort so kalt war wie der andere.

9.8 Here and there savage dogs rushed upon him, but he bristled his neck-hair and snarled (for he was learning fast), and they let him go his way unmolested.

Hier und da stürzten sich wilde Hunde auf ihn, aber er sträubte sein Nackenhaar und knurrte (denn er lernte schnell), und sie ließen ihn unbehelligt seinen Weg gehen.

10.1 Finally an idea came to him.

Schließlich kam ihm eine Idee.

10.2 He would return and see how his own team-mates were making out.

Er würde zurückkehren und nachsehen, wie es seinen eigenen Mannschaftskameraden erging.

10.3 To his astonishment, they had disappeared.

Zu seinem Erstaunen waren sie verschwunden.

10.4 Again he wandered about through the great camp, looking for them, and again he returned.

Wieder irrte er durch das große Lager, um sie zu suchen, und wieder kehrte er zurück.

10.5 Were they in the tent?

Waren sie im Zelt?

No, that could not be, else he would not have been driven out.

10.6

Nein, das konnte nicht sein, sonst wäre er nicht vertrieben worden.

Then where could they possibly be?

10.7

Wo konnten sie dann sein?

With drooping tail and shivering body, very forlorn indeed, he aimlessly circled the tent.

10.8

Mit hängendem Schwanz und zitterndem Körper, in der Tat sehr verzweifelt, umkreiste er ziellos das Zelt.

Suddenly the snow gave way beneath his fore legs and he sank down.

10.9

Plötzlich gab der Schnee unter seinen Vorderbeinen nach und er sank in sich zusammen.

Something wriggled under his feet.

10.10

Etwas schlängelte sich unter seinen Füßen.

He sprang back, bristling and snarling, fearful of the unseen and unknown.

10.11

Er sprang zurück, sträubte sich und knurrte, weil er Angst vor dem Unsichtbaren und Unbekannten hatte.

But a friendly little yelp reassured him, and he went back to investigate.

10.12

Doch ein freundliches kleines Jaulen beruhigte ihn, und er ging zurück, um nachzusehen.

A whiff of warm air ascended to his nostrils, and there, curled up under the snow in a snug ball, lay Billee.

10.13

Ein Hauch von warmer Luft stieg ihm in die Nase, und da lag Billee, zusammengerollt unter dem Schnee in einer kuscheligen Kugel.

10.14 He whined placatingly, squirmed and wriggled to show his good will and intentions, and even ventured, as a bribe for peace, to lick Buck's face with his warm wet tongue.

Er wimmerte beschwichtigend, zappelte und räkelte sich, um seinen guten Willen und seine Absichten zu zeigen, und wagte es sogar, als Friedensangebot Bucks Gesicht mit seiner warmen, feuchten Zunge abzulecken.

11.1 Another lesson. So that was the way they did it, eh?

Eine weitere Lektion. So haben sie es also gemacht, was?

11.2 Buck confidently selected a spot, and with much fuss and waste effort proceeded to dig a hole for himself.

Buck suchte sich selbstbewusst eine Stelle aus und grub mit viel Mühe und Aufwand ein Loch für sich selbst.

11.3 In a trice the heat from his body filled the confined space and he was asleep.

Im Handumdrehen füllte die Wärme seines Körpers den engen Raum aus und er schlief ein.

11.4 The day had been long and arduous, and he slept soundly and comfortably, though he growled and barked and wrestled with bad dreams.

Der Tag war lang und anstrengend gewesen, und er schlief tief und fest, obwohl er knurrte und bellte und mit schlechten Träumen kämpfte.

12.1 Nor did he open his eyes till roused by the noises of the waking camp.

Er öffnete auch nicht die Augen, bis er durch die Geräusche des erwachenden Lagers geweckt wurde.

12.2 At first he did not know where he was.

Zuerst wusste er nicht, wo er war.

It had snowed during the night and he was
completely buried.

12.3

In der Nacht hatte es geschneit und er war völlig
verschüttet.

The snow walls pressed him on every side,

12.4

Die Schneewände bedrängten ihn von allen Seiten,

and a great surge of fear swept through him -

12.5

und eine große Welle der Angst durchfuhr ihn -

the fear of the wild thing for the trap.

12.6

die Angst vor dem wilden Ding für die Falle.

It was a token that he was harking back through his
own life to the lives of his forebears;

12.7

Es war ein Zeichen dafür, dass er sich in seinem eigenen
Leben an das Leben seiner Vorfahren erinnerte;

for he was a civilized dog, an unduly civilized dog,
and of his own experience knew no trap and so could
not of himself fear it.

12.8

denn er war ein zivilisierter Hund, ein übermäßig
zivilisierter Hund, und aus eigener Erfahrung kannte er
keine Falle und konnte sie daher auch nicht fürchten.

The muscles of his whole body contracted
spasmodically and instinctively, the hair on his neck
and shoulders stood on end, and with a ferocious
snarl he bounded straight up into the blinding day,
the snow flying about him in a flashing cloud.

12.9

Die Muskeln seines ganzen Körpers spannten sich
krampfhaft und instinktiv an, die Haare im Nacken und
auf den Schultern standen ihm zu Berge, und mit einem
wilden Knurren sprang er geradewegs in den blendenden
Tag, der Schnee flog in einer blitzenden Wolke um ihn
herum.

12.10 Ere he landed on his feet, he saw the white camp spread out before him and knew where he was and remembered all that had passed from the time he went for a stroll with Manuel to the hole he had dug for himself the night before.

Bevor er auf den Füßen landete, sah er das weiße Lager vor sich ausgebreitet und wusste, wo er sich befand, und er erinnerte sich an alles, was seit dem Spaziergang mit Manuel bis zu dem Loch, das er sich am Abend zuvor gegraben hatte, geschehen war.

13.1 A shout from François hailed his appearance.

Ein Schrei von François begrüßte sein Erscheinen.

13.2 "Wot I say?" the dog-driver cried to Perrault.

"Was sage ich?" rief der Hundetreiber zu Perrault.

13.3 "Dat Buck for sure learn queek as anyt'ing."

"Dat Buck lernt sicher so schnell wie alles andere."

14.1 Perrault nodded gravely.

Perrault nickte ernsthaft.

14.2 As courier for the Canadian Government, bearing important despatches, he was anxious to secure the best dogs, and he was particularly gladdened by the possession of Buck.

Als Kurier der kanadischen Regierung, der wichtige Sendungen überbrachte, war er bestrebt, die besten Hunde zu bekommen, und er war besonders erfreut über den Besitz von Buck.

Three more huskies were added to the team inside an hour, making a total of nine, and before another quarter of an hour had passed they were in harness and swinging up the trail toward the Dyea Cañon. 15.1

Innerhalb einer Stunde wurde das Gespann um drei weitere Huskys erweitert, so dass es nun insgesamt neun waren, und bevor eine weitere Viertelstunde vergangen war, saßen sie im Geschirr und schwangen sich den Pfad zum Dyea Cañon hinauf.

Buck was glad to be gone, and though the work was hard he found he did not particularly despise it. 15.2

Buck war froh, unterwegs zu sein, und obwohl die Arbeit hart war, fand er, dass er sie nicht besonders verachtete.

He was surprised at the eagerness which animated the whole team and which was communicated to him; 15.3

Er war erstaunt über den Eifer, der das ganze Team beseelte und der sich auch auf ihn übertrug;

but still more surprising was the change wrought in Dave and Sol-leks. 15.4

aber noch überraschender war die Veränderung, die in Dave und Sol-leks vorging.

They were new dogs, 15.5

Sie waren neue Hunde,

utterly transformed by the harness. 15.6

die durch das Geschirr völlig verändert wurden.

All passiveness and unconcern had dropped from them. 15.7

Alle Passivität und Unbekümmertheit war von ihnen abgefallen.

15.8 They were alert and active, anxious that the work should go well, and fiercely irritable with whatever, by delay or confusion, retarded that work.

Sie waren wachsam und aktiv, darauf bedacht, dass die Arbeit gut vonstatten ging, und heftig gereizt gegenüber allem, was diese Arbeit durch Verzögerung oder Verwirrung verzögerte.

15.9 The toil of the traces seemed the supreme expression of their being, and all that they lived for and the only thing in which they took delight.

Die Arbeit an den Spuren schien der höchste Ausdruck ihres Wesens zu sein, alles, wofür sie lebten, und das Einzige, woran sie ihre Freude hatten.

16.1 Dave was wheeler or sled dog, pulling in front of him was Buck, then came Sol-leks;

Dave war der Lenker oder Schlittenhund, vor ihm zog Buck, dann kam Sol-leks;

16.2 the rest of the team was strung out ahead, single file, to the leader, which position was filled by Spitz.

der Rest des Teams reihte sich im Gänsemarsch vor dem Anführer auf, der von Spitz gestellt wurde.

17.1 Buck had been purposely placed between Dave and Sol-leks so that he might receive instruction.

Buck war absichtlich zwischen Dave und Sol-leks platziert worden, damit er unterrichtet werden konnte.

17.2 Apt scholar that he was, they were equally apt teachers, never allowing him to linger long in error, and enforcing their teaching with their sharp teeth.

Er war ein geschickter Gelehrter, und die beiden waren ebenso geschickte Lehrer, die ihn nie lange im Irrtum verharren ließen und ihre Lehren mit ihren scharfen Zähnen durchsetzten.

Dave was fair and very wise.   17.3
Dave war gerecht und sehr weise.

He never nipped Buck without cause, and he never   17.4
failed to nip him when he stood in need of it.
Er zwickte Buck nie ohne Grund, und er versäumte es nie,
ihn zu zwicken, wenn er es nötig hatte.

As François's whip backed him up, Buck found it to   17.5
be cheaper to mend his ways than to retaliate.
Da François' Peitsche ihm den Rücken stärkte, hielt Buck es
für billiger, sich zu bessern, als sich zu rächen.

Once, during a brief halt, when he got tangled in the   17.6
traces and delayed the start, both Dave and Sol-leks
flew at him and administered a sound trouncing.
Als er sich einmal während einer kurzen Pause in den
Zügeln verhedderte und den Start verzögerte, stürzten sich
sowohl Dave als auch Sol-leks auf ihn und verpassten ihm
eine ordentliche Tracht Prügel.

The resulting tangle was even worse, but Buck took   17.7
good care to keep the traces clear thereafter; and ere
the day was done, so well had he mastered his work,
his mates about ceased nagging him.
Das daraus resultierende Verheddern war noch schlimmer,
aber Buck achtete darauf, die Spuren danach frei zu halten,
und bevor der Tag zu Ende war, hatte er seine Arbeit so gut
gemeistert, dass seine Kameraden fast aufhörten, an ihm
herumzunörgeln.

François's whip snapped less frequently, and Perrault   17.8
even honored Buck by lifting up his feet and carefully
examining them.
Die Peitsche von François schnalzte seltener, und Perrault
erwies Buck sogar die Ehre, seine Füße hochzuheben und
sie sorgfältig zu untersuchen.

18.1 It was a hard day's run, up the Cañon, through Sheep Camp, past the Scales and the timber line, across glaciers and snowdrifts hundreds of feet deep, and over the great Chilcoot Divide, which stands between the salt water and the fresh and guards forbiddingly the sad and lonely North.

Es war ein harter Tagesmarsch, den Cañon hinauf, durch das Sheep Camp, vorbei an den Scales und der Baumgrenze, über Gletscher und Schneeverwehungen, die Hunderte von Fuß tief waren, und über die große Chilcoot-Wasserscheide, die zwischen dem Salz - und dem Süßwasser steht und abschreckend über den traurigen und einsamen Norden wacht.

18.2 They made good time down the chain of lakes which fills the craters of extinct volcanoes, and late that night pulled into the huge camp at the head of Lake Bennett, where thousands of goldseekers were building boats against the break-up of the ice in the spring.

Sie kamen gut voran, fuhren die Seenkette hinunter, die die Krater erloschener Vulkane ausfüllt, und erreichten spät in der Nacht das riesige Lager am Kopf des Bennett-Sees, wo Tausende von Goldsuchern Boote gegen den Eisbruch im Frühjahr bauten.

18.3 Buck made his hole in the snow and slept the sleep of the exhausted just,

Buck schlug sein Loch in den Schnee und schlief den Schlaf der erschöpften Gerechten,

18.4 but all too early was routed out in the cold darkness and harnessed with his mates to the sled.

wurde aber viel zu früh in der kalten Dunkelheit wieder herausgeführt und mit seinen Kameraden vor den Schlitten gespannt.

That day they made forty miles, 19.1

An diesem Tag legten sie vierzig Meilen zurück,

the trail being packed; 19.2

da der Weg gepackt war;

but the next day, and for many days to follow, they 19.3
broke their own trail, worked harder, and made
poorer time.

aber am nächsten Tag und in den folgenden Tagen bahnten
sie sich ihren eigenen Weg, arbeiteten härter und kamen
langsamer voran.

As a rule, Perrault travelled ahead of the team, 19.4
packing the snow with webbed shoes to make it easier
for them.

In der Regel reiste Perrault vor dem Gespann, wobei er den
Schnee mit Schwimmschuhen verdichtete, um es ihnen zu
erleichtern.

François, guiding the sled at the gee-pole, sometimes 19.5
exchanged places with him, but not often.

François, der den Schlitten an der Deichsel führte, tauschte
manchmal mit ihm den Platz, aber nicht oft.

Perrault was in a hurry, and he prided himself 19.6
on his knowledge of ice, which knowledge was
indispensable, for the fall ice was very thin, and
where there was swift water, there was no ice at all.

Perrault hatte es eilig und war stolz auf seine Eiskenntnisse,
die unabdingbar waren, denn das Eis im Herbst war sehr
dünn, und wo es schnelles Wasser gab, war überhaupt kein
Eis.

Day after day, for days unending, Buck toiled in the 20.1
traces.

Tag für Tag, tagelang, schuftete Buck auf den Spuren.

20.2 Always, they broke camp in the dark, and the first gray of dawn found them hitting the trail with fresh miles reeled off behind them.

Immer brachen sie ihr Lager in der Dunkelheit auf, und im ersten Grau der Morgendämmerung machten sie sich auf den Weg und spulten neue Kilometer ab.

20.3 And always they pitched camp after dark, eating their bit of fish, and crawling to sleep into the snow.

Und immer schlugen sie ihr Lager nach Einbruch der Dunkelheit auf, aßen ihr bisschen Fisch und krochen zum Schlafen in den Schnee.

20.4 Buck was ravenous.

Buck war ausgehungert.

20.5 The pound and a half of sun-dried salmon, which was his ration for each day, seemed to go nowhere.

Die anderthalb Pfund sonnengetrockneter Lachs, die seine Tagesration darstellten, schienen nicht zu reichen.

20.6 He never had enough, and suffered from perpetual hunger pangs.

Er hatte nie genug und litt unter ständigen Hungerattacken.

20.7 Yet the other dogs, because they weighed less and were born to the life, received a pound only of the fish and managed to keep in good condition.

Doch die anderen Hunde, die weniger wogen und zum Leben geboren waren, bekamen nur ein Pfund Fisch und schafften es, in guter Verfassung zu bleiben.

21.1 He swiftly lost the fastidiousness which had characterized his old life.

Er verlor schnell die Anspruchslosigkeit, die sein altes Leben geprägt hatte.

A dainty eater, he found that his mates, finishing
first, robbed him of his unfinished ration.

21.2

Als zierlicher Esser musste er feststellen, dass seine
Kameraden, die als erste fertig waren, ihm seine
unvollendete Ration wegnahmen.

There was no defending it.

21.3

Es gab keine Möglichkeit, sie zu verteidigen.

While he was fighting off two or three,

21.4

Während er sich gegen zwei oder drei wehrte,

it was disappearing down the throats of the others.

21.5

verschwand sie in den Kehlen der anderen.

To remedy this, he ate as fast as they; and, so greatly
did hunger compel him, he was not above taking
what did not belong to him.

21.6

Um dem abzuhelfen, aß er so schnell wie sie, und weil ihn
der Hunger so sehr drängte, nahm er sich auch, was ihm
nicht gehörte.

He watched and learned.

21.7

Er beobachtete und lernte.

When he saw Pike, one of the new dogs, a clever
malingerer and thief, slyly steal a slice of bacon
when Perrault's back was turned, he duplicated the
performance the following day, getting away with
the whole chunk.

21.8

Als er sah, wie Pike, einer der neuen Hunde, ein geschickter
Simulant und Dieb, heimlich eine Scheibe Speck stahl, als
Perrault ihm den Rücken zukehrte, wiederholte er diese
Tat am nächsten Tag und nahm sich das ganze Stück.

21.9 A great uproar was raised, but he was unsuspected; while Dub, an awkward blunderer who was always getting caught, was punished for Buck's misdeed.

Die Aufregung war groß, aber er blieb unverdächtig, während Dub, ein unbeholfener Stümper, der immer wieder erwischt wurde, für Bucks Missetat bestraft wurde.

22.1 This first theft marked Buck as fit to survive in the hostile Northland environment.

Dieser erste Diebstahl zeichnete Buck als tauglich für das Überleben in der feindlichen Umgebung des Nordlands aus.

22.2 It marked his adaptability, his capacity to adjust himself to changing conditions, the lack of which would have meant swift and terrible death.

Er kennzeichnete seine Anpassungsfähigkeit, seine Fähigkeit, sich auf wechselnde Bedingungen einzustellen, deren Fehlen einen raschen und schrecklichen Tod bedeutet hätte.

22.3 It marked, further, the decay or going to pieces of his moral nature, a vain thing and a handicap in the ruthless struggle for existence.

Es war auch ein Zeichen für den Verfall oder den Zerfall seiner moralischen Natur, die in dem unbarmherzigen Kampf ums Dasein ein Handicap darstellt.

It was all well enough in the Southland, under the law of love and fellowship, to respect private property and personal feelings; but in the Northland, under the law of club and fang, whoso took such things into account was a fool, and in so far as he observed them he would fail to prosper. 22.4

Im Südland, unter dem Gesetz der Liebe und der Kameradschaft, war es in Ordnung, das Privateigentum und die persönlichen Gefühle zu respektieren, aber im Nordland, unter dem Gesetz der Keule und der Reißzähne, war derjenige, der auf solche Dinge Rücksicht nahm, ein Narr, und soweit er sie beachtete, würde er keinen Erfolg haben.

Not that Buck reasoned it out. 23.1

Nicht, dass Buck darüber nachgedacht hätte.

He was fit, that was all, and unconsciously he accommodated himself to the new mode of life. 23.2

Er war fit, das war alles, und unbewusst hatte er sich an die neue Lebensweise gewöhnt.

All his days, no matter what the odds, he had never run from a fight. 23.3

In seinem ganzen Leben war er nie vor einem Kampf weggelaufen, ganz gleich, wie hoch die Chancen standen.

But the club of the man in the red sweater had beaten into him a more fundamental and primitive code. 23.4

Aber die Keule des Mannes im roten Pullover hatte ihm einen grundlegenderen und primitiveren Kodex eingebläut.

23.5 **Civilized, he could have died for a moral consideration, say the defence of Judge Miller's riding-whip;**
Als zivilisierter Mensch hätte er für eine moralische Erwägung sterben können, zum Beispiel für die Verteidigung von Richter Millers Reitpeitsche;

23.6 **but the completeness of his decivilization was now evidenced by his ability to flee from the defence of a moral consideration and so save his hide.**
aber die Vollkommenheit seiner Entzivilisierung zeigte sich jetzt in seiner Fähigkeit, vor der Verteidigung einer moralischen Erwägung zu fliehen und so seine Haut zu retten.

23.7 **He did not steal for joy of it,**
Er stahl nicht aus Freude daran,

23.8 **but because of the clamor of his stomach.**
sondern wegen des Magenknurrens.

23.9 **He did not rob openly, but stole secretly and cunningly, out of respect for club and fang.**
Er raubte nicht offen, sondern stahl heimlich und listig, aus Respekt vor Keule und Reißzahn.

23.10 **In short, the things he did were done because it was easier to do them than not to do them.**
Kurzum, er tat die Dinge, die er tat, weil es einfacher war, sie zu tun, als sie nicht zu tun.

24.1 **His development (or retrogression) was rapid.**
Seine Entwicklung (oder Rückentwicklung) verlief schnell.

24.2 **His muscles became hard as iron,**
Seine Muskeln wurden hart wie Eisen,

and he grew callous to all ordinary pain.   24.3

und er wurde gefühllos gegenüber jedem gewöhnlichen
Schmerz.

He achieved an internal as well as external economy.   24.4

Er erreichte sowohl eine innere als auch eine äußere
Sparsamkeit.

He could eat anything, no matter how loathsome   24.5
or indigestible; and, once eaten, the juices of his
stomach extracted the last least particle of nutriment;
and his blood carried it to the farthest reaches of his
body, building it into the toughest and stoutest of
tissues.

Er konnte alles essen, ganz gleich, wie widerlich oder
unverdaulich es war; und wenn er es einmal gegessen
hatte, entzogen ihm die Säfte seines Magens auch noch den
letzten Rest an Nährstoffen, und sein Blut trug sie bis in
die entferntesten Teile seines Körpers und baute sie zu den
zähesten und stärksten Geweben auf.

Sight and scent became remarkably keen, while his   24.6
hearing developed such acuteness that in his sleep
he heard the faintest sound and knew whether it
heralded peace or peril.

Sein Seh - und Geruchssinn wurde bemerkenswert
scharfsinnig, und sein Gehör entwickelte eine solche
Schärfe, dass er im Schlaf das leiseste Geräusch hörte und
wusste, ob es Frieden oder Gefahr ankündigte.

24.7   He learned to bite the ice out with his teeth when it collected between his toes; and when he was thirsty and there was a thick scum of ice over the water hole, he would break it by rearing and striking it with stiff fore legs.

Er lernte, das Eis mit den Zähnen herauszubeißen, wenn es sich zwischen seinen Zehen sammelte, und wenn er durstig war und sich eine dicke Eisschicht über dem Wasserloch befand, bäumte er sich auf und schlug mit den steifen Vorderbeinen dagegen.

24.8   His most conspicuous trait was an ability to scent the wind and forecast it a night in advance.

Seine auffälligste Eigenschaft war die Fähigkeit, den Wind zu wittern und ihn eine Nacht im Voraus vorherzusagen.

24.9   No matter how breathless the air when he dug his nest by tree or bank, the wind that later blew inevitably found him to leeward, sheltered and snug.

Egal wie atemlos die Luft war, wenn er sein Nest an einem Baum oder einer Bank grub, der Wind, der später wehte, fand ihn unweigerlich im Lee, geschützt und behaglich.

25.1   And not only did he learn by experience,

Und er lernte nicht nur durch Erfahrung,

25.2   but instincts long dead became alive again.

sondern auch lange tote Instinkte wurden wieder lebendig.

25.3   The domesticated generations fell from him.

Die domestizierten Generationen fielen von ihm ab.

In vague ways he remembered back to the youth of 25.4
the breed, to the time the wild dogs ranged in packs
through the primeval forest and killed their meat as
they ran it down.

Auf vage Weise erinnerte er sich an die Jugend der Rasse
zurück, an die Zeit, als die wilden Hunde in Rudeln durch
den Urwald zogen und ihr Fleisch erlegten, während sie es
erlegten.

It was no task for him to learn to fight with cut and 25.5
slash and the quick wolf snap.

Es war keine Aufgabe für ihn, zu lernen, mit Hieb und Stich
und dem schnellen Wolfsschnappen zu kämpfen.

In this manner had fought forgotten ancestors. 25.6

Auf diese Weise hatten die vergessenen Vorfahren
gekämpft.

They quickened the old life within him, and the old 25.7
tricks which they had stamped into the heredity of
the breed were his tricks.

Sie belebten das alte Leben in ihm, und die alten Tricks, die
sie in das Erbgut der Rasse eingeprägt hatten, waren seine
Tricks.

They came to him without effort or discovery, as 25.8
though they had been his always.

Sie kamen zu ihm, ohne dass er sich anstrengen oder
sie entdecken musste, als wären sie schon immer seine
gewesen.

25.9 And when, on the still cold nights, he pointed his nose at a star and howled long and wolflike, it was his ancestors, dead and dust, pointing nose at star and howling down through the centuries and through him.

Und wenn er in den stillen, kalten Nächten seine Nase auf einen Stern richtete und lang und wolfsartig heulte, dann waren es seine Vorfahren, tot und verstaubt, die ihre Nase auf den Stern richteten und durch die Jahrhunderte und durch ihn heulten.

25.10 And his cadences were their cadences, the cadences which voiced their woe and what to them was the meaning of the stiffness, and the cold, and dark.

Und seine Kadenzen waren ihre Kadenzen, die Kadenzen, die ihr Leid ausdrückten und das, was für sie die Bedeutung der Steifheit und der Kälte und der Dunkelheit war.

26.1 Thus, as token of what a puppet thing life is, the ancient song surged through him and he came into his own again;

Und so, als Zeichen dafür, was für eine Marionette das Leben ist, durchströmte ihn das alte Lied, und er kam wieder zu sich;

26.2 and he came because men had found a yellow metal in the North, and because Manuel was a gardener's helper whose wages did not lap over the needs of his wife and divers small copies of himself.

und er kam, weil die Menschen im Norden ein gelbes Metall gefunden hatten, und weil Manuel ein Gärtnergehilfe war, dessen Lohn die Bedürfnisse seiner Frau und diverser kleiner Kopien von ihm selbst nicht überstieg.

Chapter III. The Dominant Primordial Beast

Kapitel III. Das dominante Urtier

1.1 The dominant primordial beast was strong in Buck,
Das dominante Urtier war stark in Buck,

1.2 and under the fierce conditions of trail life it grew and grew.
und unter den harten Bedingungen des Lebens auf dem Pfad wuchs und wuchs es.

1.3 Yet it was a secret growth.
Doch es war ein heimliches Wachstum.

1.4 His newborn cunning gave him poise and control.
Seine neugeborene Gerissenheit gab ihm Ausgeglichenheit und Kontrolle.

1.5 He was too busy adjusting himself to the new life to feel at ease, and not only did he not pick fights, but he avoided them whenever possible.
Er war zu sehr damit beschäftigt, sich an das neue Leben zu gewöhnen, um sich wohl zu fühlen, und er suchte nicht nur keinen Streit, sondern ging ihm, wann immer möglich, aus dem Weg.

A certain deliberateness characterized his attitude. 1.6

Eine gewisse Besonnenheit zeichnete sein Verhalten aus.

He was not prone to rashness and precipitate action; 1.7

Er neigte nicht zu Unbesonnenheit und überstürztem Handeln;

and in the bitter hatred between him and Spitz he betrayed no impatience, 1.8

und in dem erbitterten Hass zwischen ihm und Spitz verriet er keine Ungeduld,

shunned all offensive acts. 1.9

mied alle Beleidigungen.

On the other hand, possibly because he divined in Buck a dangerous rival, Spitz never lost an opportunity of showing his teeth. 2.1

Andererseits, vielleicht weil er in Buck einen gefährlichen Rivalen sah, ließ Spitz keine Gelegenheit aus, seine Zähne zu zeigen.

He even went out of his way to bully Buck, striving constantly to start the fight which could end only in the death of one or the other. 2.2

Er setzte sogar alles daran, Buck zu schikanieren, und war ständig bestrebt, den Kampf zu beginnen, der nur mit dem Tod des einen oder anderen enden konnte.

Early in the trip this might have taken place had it not been for an unwonted accident. 2.3

Zu Beginn der Reise wäre es vielleicht dazu gekommen, wenn nicht ein unvorhergesehener Unfall passiert wäre.

2.4 At the end of this day they made a bleak and miserable camp on the shore of Lake Le Barge.

Am Ende dieses Tages schlugen sie ein trostloses und erbärmliches Lager am Ufer des Lake Le Barge auf.

2.5 Driving snow, a wind that cut like a white-hot knife, and darkness had forced them to grope for a camping place.

Schneetreiben, ein Wind, der wie ein weißglühendes Messer schneidet, und Dunkelheit hatten sie gezwungen, nach einem Lagerplatz zu suchen.

2.6 They could hardly have fared worse.

Es hätte ihnen kaum schlechter ergehen können.

2.7 At their backs rose a perpendicular wall of rock, and Perrault and François were compelled to make their fire and spread their sleeping robes on the ice of the lake itself.

In ihrem Rücken ragte eine senkrechte Felswand auf, und Perrault und François waren gezwungen, ihr Feuer zu machen und ihre Schlafgewänder auf dem Eis des Sees selbst auszubreiten.

2.8 The tent they had discarded at Dyea in order to travel light.

Das Zelt hatten sie in Dyea aufgegeben, um mit leichtem Gepäck zu reisen.

2.9 A few sticks of driftwood furnished them with a fire that thawed down through the ice and left them to eat supper in the dark.

Mit ein paar Stöcken Treibholz machten sie ein Feuer, das durch das Eis hindurch auftaute und sie im Dunkeln zu Abend essen ließ.

Close in under the sheltering rock Buck made his nest. 3.1

Dicht unter dem schützenden Felsen baute Buck sein Nest.

So snug and warm was it, that he was loath to leave it when François distributed the fish which he had first thawed over the fire. 3.2

Es war so gemütlich und warm, dass er es nur ungern verließ, als François den Fisch verteilte, den er zuvor über dem Feuer aufgetaut hatte.

But when Buck finished his ration and returned, 3.3

Doch als Buck seine Ration beendet hatte und zurückkehrte,

he found his nest occupied. 3.4

fand er sein Nest besetzt.

A warning snarl told him that the trespasser was Spitz. 3.5

Ein warnendes Knurren verriet ihm, dass der Eindringling Spitz war.

Till now Buck had avoided trouble with his enemy, 3.6

Bis jetzt war Buck dem Ärger mit seinem Feind aus dem Weg gegangen,

but this was too much. The beast in him roared. 3.7

aber das war zu viel. Die Bestie in ihm brüllte.

3.8 He sprang upon Spitz with a fury which surprised them both, and Spitz particularly, for his whole experience with Buck had gone to teach him that his rival was an unusually timid dog, who managed to hold his own only because of his great weight and size.

Er stürzte sich mit einer Wut auf Spitz, die sie beide überraschte, und Spitz ganz besonders, denn seine ganze Erfahrung mit Buck hatte ihn gelehrt, dass sein Rivale ein ungewöhnlich ängstlicher Hund war, der sich nur aufgrund seines großen Gewichts und seiner Größe behaupten konnte.

4.1 François was surprised, too, when they shot out in a tangle from the disrupted nest and he divined the cause of the trouble.

Auch François war überrascht, als sie in einem Wirrwarr aus dem zerstörten Nest schossen, und er erkannte die Ursache des Ärgers.

4.2 "A-a-ah!" he cried to Buck. "Gif it to heem,

"A-a-ah!" rief er zu Buck. "Gebt es ihm,

4.3 by Gar! Gif it to heem, the dirty t'eef!"

bei Gar! Gib's ihm, der dreckigen T'eef!"

5.1 Spitz was equally willing.

Spitz war ebenso willig.

5.2 He was crying with sheer rage and eagerness as he circled back and forth for a chance to spring in.

Er schrie vor lauter Wut und Eifer, während er hin und her kreiste, um eine Chance zum Sprung zu bekommen.

Buck was no less eager, and no less cautious, as he likewise circled back and forth for the advantage.

5.3

Buck war nicht weniger eifrig, aber auch nicht weniger vorsichtig, als er ebenfalls um den Vorteil kreiste.

But it was then that the unexpected happened, the thing which projected their struggle for supremacy far into the future, past many a weary mile of trail and toil.

5.4

Doch dann geschah das Unerwartete, das ihren Kampf um die Vorherrschaft weit in die Zukunft projizierte, vorbei an vielen müden Kilometern des Weges und der Mühsal.

An oath from Perrault, the resounding impact of a club upon a bony frame, and a shrill yelp of pain, heralded the breaking forth of pandemonium.

6.1

Ein Fluch von Perrault, der schallende Aufprall eines Knüppels auf einen knochigen Körper und ein schriller Schmerzensschrei läuteten den Ausbruch des Pandämoniums ein.

The camp was suddenly discovered to be alive with skulking furry forms, -

6.2

Plötzlich entdeckte man, dass das Lager von schleichenden, pelzigen Gestalten bevölkert war -

starving huskies, four or five score of them, who had scented the camp from some Indian village.

6.3

ausgehungerte Huskys, vier oder fünf Stück, die das Lager von einem Indianerdorf aus gewittert hatten.

6.4 **They had crept in while Buck and Spitz were fighting, and when the two men sprang among them with stout clubs they showed their teeth and fought back.**
Sie hatten sich hereingeschlichen, während Buck und Spitz kämpften, und als die beiden Männer mit dicken Knüppeln auf sie losgingen, zeigten sie ihre Zähne und schlugen zurück.

6.5 **They were crazed by the smell of the food.**
Der Geruch des Essens hatte sie verrückt gemacht.

6.6 **Perrault found one with head buried in the grub-box.**
Perrault fand einen, der den Kopf in der Futterkiste vergraben hatte.

6.7 **His club landed heavily on the gaunt ribs,**
Seine Keule landete schwer auf den mageren Rippen,

6.8 **and the grub-box was capsized on the ground.**
und die Futterkiste kippte auf den Boden.

6.9 **On the instant a score of the famished brutes were scrambling for the bread and bacon.**
Sofort stürzten sich eine ganze Reihe der ausgehungerten Bestien auf das Brot und den Speck.

6.10 **The clubs fell upon them unheeded.**
Die Knüppel fielen unbemerkt auf sie.

6.11 **They yelped and howled under the rain of blows, but struggled none the less madly till the last crumb had been devoured.**
Sie kläfften und heulten unter dem Regen von Schlägen, kämpften aber trotzdem wie wild, bis auch der letzte Krümel verschlungen war.

In the meantime the astonished team-dogs had burst out of their nests only to be set upon by the fierce invaders.   7.1

In der Zwischenzeit waren die verblüfften Hunde aus ihren Nestern ausgebrochen, nur um von den wilden Eindringlingen angegriffen zu werden.

Never had Buck seen such dogs.   7.2

Noch nie hatte Buck solche Hunde gesehen.

It seemed as though their bones would burst through their skins.   7.3

Es schien, als würden ihre Knochen durch die Haut brechen.

They were mere skeletons, draped loosely in draggled hides, with blazing eyes and slavered fangs.   7.4

Sie waren nur noch Skelette, locker in zerschlissene Felle gehüllt, mit glühenden Augen und gebleckten Reißzähnen.

But the hunger-madness made them terrifying, irresistible.   7.5

Aber der Hungerwahn machte sie furchterregend, unwiderstehlich.

There was no opposing them.   7.6

Es gab keine Möglichkeit, sich ihnen zu widersetzen.

The team-dogs were swept back against the cliff at the first onset.   7.7

Die Jagdhunde wurden beim ersten Ansturm gegen die Klippe zurückgeworfen.

Buck was beset by three huskies,   7.8

Buck wurde von drei Huskys bedrängt,

7.9 **and in a trice his head and shoulders were ripped and slashed.**
und im Handumdrehen waren sein Kopf und seine Schultern zerfetzt und aufgeschlitzt.

7.10 **The din was frightful. Billee was crying as usual.**
Das Getöse war furchtbar. Billee weinte wie immer.

7.11 **Dave and Sol-leks, dripping blood from a score of wounds, were fighting bravely side by side.**
Dave und Sol-leks, von denen das Blut aus zahlreichen Wunden tropfte, kämpften tapfer Seite an Seite.

7.12 **Joe was snapping like a demon.**
Joe schnappte zu wie ein Dämon.

7.13 **Once, his teeth closed on the fore leg of a husky, and he crunched down through the bone.**
Einmal schlossen sich seine Zähne um das Vorderbein eines Huskys, und er knirschte sich durch den Knochen.

7.14 **Pike, the malingerer, leaped upon the crippled animal, breaking its neck with a quick flash of teeth and a jerk, Buck got a frothing adversary by the throat, and was sprayed with blood when his teeth sank through the jugular.**
Pike, der Simulant, stürzte sich auf das verkrüppelte Tier und brach ihm mit einem schnellen Aufblitzen der Zähne und einem Ruck das Genick, Buck packte einen schäumenden Gegner an der Kehle und wurde mit Blut bespritzt, als seine Zähne die Halsschlagader durchbohrten.

7.15 **The warm taste of it in his mouth goaded him to greater fierceness.**
Der warme Geschmack davon in seinem Mund spornte ihn zu noch größerer Wildheit an.

He flung himself upon another, 7.16
Er stürzte sich auf einen anderen und spürte gleichzeitig,

and at the same time felt teeth sink into his own throat. 7.17
wie sich Zähne in seine eigene Kehle bohrten.

It was Spitz, treacherously attacking from the side. 7.18
Es war Spitz, der heimtückisch von der Seite angriff.

Perrault and François, having cleaned out their part of the camp, hurried to save their sled-dogs. 8.1
Perrault und François, die ihren Teil des Lagers ausgeräumt hatten, eilten, um ihre Schlittenhunde zu retten.

The wild wave of famished beasts rolled back before them, 8.2
Die wilde Welle ausgehungerter Tiere rollte vor ihnen zurück,

and Buck shook himself free. 8.3
und Buck schüttelte sich frei.

But it was only for a moment. 8.4
Aber das war nur für einen Moment.

The two men were compelled to run back to save the grub, upon which the huskies returned to the attack on the team. 8.5
Die beiden Männer waren gezwungen, zurückzulaufen, um das Futter zu retten, woraufhin die Schlittenhunde wieder zum Angriff auf das Gespann übergingen.

Billee, terrified into bravery, sprang through the savage circle and fled away over the ice. 8.6
Billee, der sich vor Angst in die Hose machte, sprang durch den wilden Kreis und floh über das Eis.

8.7 Pike and Dub followed on his heels,
Pike und Dub folgten ihm auf den Fersen,

8.8 with the rest of the team behind.
während der Rest des Gespanns zurückblieb.

8.9 As Buck drew himself together to spring after them, out of the tail of his eye he saw Spitz rush upon him with the evident intention of overthrowing him.
Als Buck sich zusammenraffte, um ihnen hinterherzuspringen, sah er aus dem Augenwinkel, wie Spitz auf ihn zustürzte, offensichtlich in der Absicht, ihn zu stürzen.

8.10 Once off his feet and under that mass of huskies,
Wenn er erst einmal von den Füßen und unter dieser Masse von Huskys war,

8.11 there was no hope for him.
gab es keine Hoffnung mehr für ihn.

8.12 But he braced himself to the shock of Spitz's charge, then joined the flight out on the lake.
Aber er stemmte sich gegen den Schock von Spitz' Angriff und schloss sich dann der Flucht auf dem See an.

9.1 Later, the nine team-dogs gathered together and sought shelter in the forest.
Später versammelten sich die neun Team-Hunde und suchten Schutz im Wald.

9.2 Though unpursued,
Obwohl sie nicht verfolgt wurden,

9.3 they were in a sorry plight.
befanden sie sich in einer misslichen Lage.

There was not one who was not wounded in four or five places, while some were wounded grievously.   9.4

Es gab keinen, der nicht an vier oder fünf Stellen verwundet war, einige waren sogar schwer verwundet.

Dub was badly injured in a hind leg; Dolly, the last husky added to the team at Dyea, had a badly torn throat; Joe had lost an eye; while Billee, the good-natured, with an ear chewed and rent to ribbons, cried and whimpered throughout the night.   9.5

Dub war an einem Hinterbein schwer verletzt; Dolly, der letzte Husky, der in Dyea zu dem Gespann gestoßen war, hatte einen übel zugerichteten Hals; Joe hatte ein Auge verloren, während Billee, der gutmütige Hund, mit einem abgekauten und zerfetzten Ohr die ganze Nacht hindurch weinte und wimmerte.

At daybreak they limped warily back to camp, to find the marauders gone and the two men in bad tempers.   9.6

Bei Tagesanbruch humpelten sie vorsichtig zum Lager zurück, um festzustellen, dass die Plünderer verschwunden und die beiden Männer schlecht gelaunt waren.

Fully half their grub supply was gone.   9.7

Die Hälfte ihrer Futtervorräte war weg.

The huskies had chewed through the sled lashings and canvas coverings.   9.8

Die Huskys hatten sich durch die Schlittentaue und die Zeltplanen gefressen.

In fact, nothing, no matter how remotely eatable, had escaped them.   9.9

In der Tat war ihnen nichts entgangen, was auch nur im Entferntesten essbar war.

9.10 They had eaten a pair of Perrault's moose-hide moccasins, chunks out of the leather traces, and even two feet of lash from the end of François's whip.

Sie hatten ein Paar von Perraults Mokassins aus Elchleder gefressen, Stücke aus den Lederriemen und sogar zwei Meter Peitsche von François' Peitsche.

9.11 He broke from a mournful contemplation of it to look over his wounded dogs.

Er unterbrach seine traurige Betrachtung, um nach seinen verwundeten Hunden zu sehen.

10.1 "Ah, my frien's," he said softly,

"Ach, mein Freund," sagte er leise,

10.2 "mebbe it mek you mad dog, dose many bites.

"vielleicht macht es dich verrückt, so viele Bisse.

10.3 Mebbe all mad dog, sacredam! Wot you t'ink, eh, Perrault?"

Mebbe all mad dog, sacredam! Was denkst du, Perrault?"

11.1 The courier shook his head dubiously.

Der Kurier schüttelte zweifelnd den Kopf.

11.2 With four hundred miles of trail still between him and Dawson, he could ill afford to have madness break out among his dogs.

Bei vierhundert Meilen Trail, die noch zwischen ihm und Dawson lagen, konnte er es sich nicht leisten, dass unter seinen Hunden der Wahnsinn ausbrach.

Two hours of cursing and exertion got the harnesses into shape, and the wound-stiffened team was under way, struggling painfully over the hardest part of the trail they had yet encountered, and for that matter, the hardest between them and Dawson.

11.3

Nach zwei Stunden des Fluchens und der Anstrengung waren die Geschirre wieder in Form, und das verwundete Gespann machte sich auf den Weg und kämpfte sich mühsam über den härtesten Teil des Trails, den sie bisher erlebt hatten, und den härtesten zwischen ihnen und Dawson.

The Thirty Mile River was wide open.

12.1

Der Thirty Mile River war weit offen.

Its wild water defied the frost,

12.2

Sein wildes Wasser trotzte dem Frost,

and it was in the eddies only and in the quiet places that the ice held at all.

12.3

und nur in den Strudeln und an den ruhigen Stellen hielt das Eis überhaupt.

Six days of exhausting toil were required to cover those thirty terrible miles.

12.4

Sechs Tage anstrengender Arbeit waren nötig, um diese dreißig schrecklichen Meilen zurückzulegen.

And terrible they were,

12.5

Und schrecklich waren sie auch,

for every foot of them was accomplished at the risk of life to dog and man.

12.6

denn jeder Meter wurde unter Lebensgefahr für Hund und Mensch zurückgelegt.

12.7 A dozen times, Perrault, nosing the way broke through the ice bridges, being saved by the long pole he carried, which he so held that it fell each time across the hole made by his body.

Ein Dutzend Mal durchbrach Perrault, der den Weg erkundete, die Eisbrücken, wobei er sich durch die lange Stange, die er bei sich trug, rettete, die er so hielt, dass sie jedes Mal über das von seinem Körper gebildete Loch fiel.

12.8 But a cold snap was on, the thermometer registering fifty below zero, and each time he broke through he was compelled for very life to build a fire and dry his garments.

Aber es herrschte ein Kälteeinbruch, das Thermometer zeigte fünfzig unter Null, und jedes Mal, wenn er durchbrach, war er gezwungen, um sein Leben zu kämpfen, ein Feuer zu machen und seine Kleider zu trocknen.

13.1 Nothing daunted him.

Nichts schüchterte ihn ein.

13.2 It was because nothing daunted him that he had been chosen for government courier.

Und weil er sich durch nichts einschüchtern ließ, hatte man ihn als Regierungskurier ausgewählt.

13.3 He took all manner of risks, resolutely thrusting his little weazened face into the frost and struggling on from dim dawn to dark.

Er nahm alle möglichen Risiken auf sich, stieß entschlossen sein kleines, abgenutztes Gesicht in den Frost und kämpfte sich von der Dämmerung bis zur Dunkelheit vorwärts.

He skirted the frowning shores on rim ice that bent
and crackled under foot and upon which they dared
not halt.

13.4

Er fuhr an den stirnrunzelnden Ufern auf dem Randeis
vorbei, das sich unter den Füßen bog und knisterte und auf
dem sie nicht anzuhalten wagten.

Once, the sled broke through, with Dave and Buck,
and they were half-frozen and all but drowned by the
time they were dragged out.

13.5

Einmal brach der Schlitten mit Dave und Buck durch, und
sie waren halb erfroren und fast ertrunken, als man sie
herauszog.

The usual fire was necessary to save them.

13.6

Das übliche Feuer war nötig, um sie zu retten.

They were coated solidly with ice, and the two men
kept them on the run around the fire, sweating and
thawing, so close that they were singed by the flames.

13.7

Sie waren mit einer dicken Eisschicht überzogen, und die
beiden Männer ließen sie schwitzend und auftauend um
das Feuer herumlaufen, so dicht, dass sie von den Flammen
angesengt wurden.

At another time Spitz went through, dragging the
whole team after him up to Buck, who strained
backward with all his strength, his fore paws on
the slippery edge and the ice quivering and snapping
all around.

14.1

Ein anderes Mal ging Spitz durch und zog das ganze
Gespann hinter sich her, bis zu Buck, der sich mit aller
Kraft zurückzog, die Vorderpfoten auf der glatten Kante
und das Eis zitterte und knackte rundherum.

14.2 But behind him was Dave, likewise straining backward, and behind the sled was François, pulling till his tendons cracked.

Aber hinter ihm war Dave, der sich ebenfalls nach hinten quälte, und hinter dem Schlitten war François, der zog, bis seine Sehnen rissen.

15.1 Again, the rim ice broke away before and behind, and there was no escape except up the cliff.

Wieder brach das Randeis vorne und hinten weg, und es gab keinen anderen Ausweg als den über die Klippe.

15.2 Perrault scaled it by a miracle,

Perrault erklomm sie wie durch ein Wunder,

15.3 while François prayed for just that miracle;

während François um eben dieses Wunder betete;

15.4 and with every thong and sled lashing and the last bit of harness rove into a long rope, the dogs were hoisted, one by one, to the cliff crest.

und nachdem alle Gurte und Schlitten festgezurrt und das letzte Stück Geschirr zu einem langen Seil verflochten war, wurden die Hunde einer nach dem anderen auf den Gipfel des Felsens gehievt.

15.5 François came up last,

François kam als letzter hinauf,

15.6 after the sled and load.

hinter dem Schlitten und der Ladung.

Then came the search for a place to descend, which descent was ultimately made by the aid of the rope, and night found them back on the river with a quarter of a mile to the day's credit.   15.7

Dann begann die Suche nach einem Abstiegsplatz, der schließlich mit Hilfe des Seils gelang, und in der Nacht waren sie mit einer Viertelmeile Vorsprung wieder am Fluss.

By the time they made the Hootalinqua and good ice,   16.1

Als sie den Hootalinqua und das gute Eis erreichten,

Buck was played out.   16.2

war Buck schon erschöpft.

The rest of the dogs were in like condition; but Perrault, to make up lost time, pushed them late and early.   16.3

Die anderen Hunde waren in der gleichen Verfassung, aber Perrault trieb sie früh und spät an, um die verlorene Zeit aufzuholen.

The first day they covered thirty-five miles to the Big Salmon;   16.4

Am ersten Tag legten sie fünfunddreißig Meilen bis zum Großen Lachs zurück;

the next day thirty-five more to the Little Salmon;   16.5

am nächsten Tag weitere fünfunddreißig bis zum Kleinen Lachs;

the third day forty miles,   16.6

am dritten Tag vierzig Meilen,

which brought them well up toward the Five Fingers.   16.7

was sie bis zu den Fünf Fingern brachte.

17.1 **Buck's feet were not so compact and hard as the feet of the huskies.**

Bucks Füße waren nicht so kompakt und hart wie die Füße der Huskys.

17.2 **His had softened during the many generations since the day his last wild ancestor was tamed by a cave-dweller or river man.**

Seit dem Tag, an dem sein letzter wilder Vorfahre von einem Höhlen - oder Flussbewohner gezähmt wurde, waren seine Füße im Laufe der vielen Generationen weicher geworden.

17.3 **All day long he limped in agony, and camp once made, lay down like a dead dog.**

Den ganzen Tag über hinkte er vor Schmerzen, und wenn er ein Lager aufgeschlagen hatte, legte er sich hin wie ein toter Hund.

17.4 **Hungry as he was, he would not move to receive his ration of fish, which François had to bring to him.**

Hungrig wie er war, rührte er sich nicht, um seine Ration Fisch zu bekommen, die François ihm bringen musste.

17.5 **Also, the dog-driver rubbed Buck's feet for half an hour each night after supper, and sacrificed the tops of his own moccasins to make four moccasins for Buck.**

Außerdem rieb der Hundetreiber jeden Abend nach dem Abendessen eine halbe Stunde lang Bucks Füße und opferte die Spitzen seiner eigenen Mokassins, um vier Mokassins für Buck zu machen.

This was a great relief, and Buck caused even the 17.6
weazened face of Perrault to twist itself into a grin
one morning, when François forgot the moccasins
and Buck lay on his back, his four feet waving
appealingly in the air, and refused to budge without
them.

Das war eine große Erleichterung, und Buck brachte sogar
das erschöpfte Gesicht Perraults dazu, sich eines Morgens
zu einem Grinsen zu verziehen, als François die Mokassins
vergaß und Buck auf dem Rücken lag, wobei seine vier
Füße verlockend in der Luft winkten und sich ohne sie
nicht rühren wollten.

Later his feet grew hard to the trail, 17.7

Später wurden seine Füße zu hart für den Pfad,

and the worn-out foot-gear was thrown away. 17.8

und das abgenutzte Schuhwerk wurde weggeworfen.

At the Pelly one morning, as they were harnessing up, 18.1
Dolly, who had never been conspicuous for anything,
went suddenly mad.

Als sie eines Morgens auf dem Pelly anspannen wollten,
drehte Dolly, die noch nie durch etwas aufgefallen war,
plötzlich durch.

She announced her condition by a long, 18.2
heartbreaking wolf howl that sent every dog bristling
with fear, then sprang straight for Buck.

Sie kündigte ihren Zustand mit einem langen,
herzzerreißenden Wolfsgeheul an, das jeden Hund vor
Angst aufschrecken ließ, und sprang dann direkt auf
Buck zu.

18.3 He had never seen a dog go mad, nor did he have any reason to fear madness;

Er hatte noch nie einen Hund gesehen, der verrückt geworden war, und er hatte auch keinen Grund, sich vor dem Wahnsinn zu fürchten;

18.4 yet he knew that here was horror, and fled away from it in a panic.

dennoch wusste er, dass hier das Grauen herrschte, und floh in Panik davor.

18.5 Straight away he raced, with Dolly, panting and frothing, one leap behind;

Er rannte sofort los, Dolly hechelnd und schäumend einen Schritt hinterher;

18.6 nor could she gain on him, so great was his terror, nor could he leave her, so great was her madness.

sie konnte ihn nicht einholen, so groß war sein Schrecken, und er konnte sie nicht verlassen, so groß war ihr Wahnsinn.

18.7 He plunged through the wooded breast of the island, flew down to the lower end, crossed a back channel filled with rough ice to another island, gained a third island, curved back to the main river, and in desperation started to cross it.

Er stürzte durch die bewaldete Brust der Insel, flog zum unteren Ende hinunter, überquerte einen mit rauem Eis gefüllten Rückkanal zu einer anderen Insel, erreichte eine dritte Insel, bog zum Hauptfluss zurück und begann verzweifelt, ihn zu überqueren.

18.8 And all the time, though he did not look, he could hear her snarling just one leap behind.

Und die ganze Zeit über, obwohl er nicht hinschaute, hörte er ihr Knurren nur einen Schritt hinter sich.

François called to him a quarter of a mile away and he doubled back, still one leap ahead, gasping painfully for air and putting all his faith in that François would save him.   18.9

François rief ihm eine Viertelmeile entfernt zu, und er kehrte um, immer noch einen Schritt voraus, schnappte schmerzhaft nach Luft und setzte sein ganzes Vertrauen darauf, dass François ihn retten würde.

The dog-driver held the axe poised in his hand, and as Buck shot past him the axe crashed down upon mad Dolly's head.   18.10

Der Hundetreiber hielt die Axt in der Hand, und als Buck an ihm vorbeischoss, krachte die Axt auf den Kopf der verrückten Dolly.

Buck staggered over against the sled, exhausted, sobbing for breath, helpless.   19.1

Buck taumelte gegen den Schlitten, erschöpft, schluchzend nach Luft ringend, hilflos.

This was Spitz's opportunity. He sprang upon Buck,   19.2

Das war die Gelegenheit für Spitz. Er stürzte sich auf Buck,

and twice his teeth sank into his unresisting foe and ripped and tore the flesh to the bone.   19.3

und zweimal bohrten sich seine Zähne in seinen widerstandslosen Feind und zerrissen das Fleisch bis auf die Knochen.

Then François's lash descended, and Buck had the satisfaction of watching Spitz receive the worst whipping as yet administered to any of the teams.   19.4

Dann kam die Peitsche von François, und Buck hatte die Genugtuung, zu sehen, wie Spitz die schlimmste Peitsche erhielt, die je einem der Teams verabreicht worden war.

20.1 **"One devil, dat Spitz," remarked Perrault.**
"Ein Teufel, der Spitz," bemerkte Perrault.

20.2 **"Some dam day heem keel dat Buck."**
"Eines Tages wird er den Buck kielholen."

21.1 **"Dat Buck two devils," was François's rejoinder.**
"Dat Buck zwei Teufeln," erwiderte François.

21.2 **"All de tam I watch dat Buck I know for sure.**
"Die ganze Zeit, die ich den Buck beobachte, weiß ich es ganz genau.

21.3 **Lissen: some dam fine day heem get mad lak hell an' den heem chew dat Spitz all up an' spit heem out on de snow.**
Eines schönen Tages wird er wütend wie die Hölle, und dann frisst er den Spitz auf und spuckt ihn in den Schnee.

21.4 **Sure. I know."**
Klar. Ich weiß es."

22.1 **From then on it was war between them.**
Von da an herrschte Krieg zwischen den beiden.

22.2 **Spitz, as lead-dog and acknowledged master of the team, felt his supremacy threatened by this strange Southland dog.**
Spitz, als Leithund und anerkannter Herr des Teams, fühlte seine Vormachtstellung durch diesen fremden Südlandhund bedroht.

And strange Buck was to him, for of the many Southland dogs he had known, not one had shown up worthily in camp and on trail. 22.3

Und fremd war Buck ihm, denn von den vielen Südlandhunden, die er kennengelernt hatte, hatte sich kein einziger im Lager und auf dem Trail als würdig erwiesen.

They were all too soft, dying under the toil, the frost, and starvation. 22.4

Sie waren alle zu weich, starben unter der Mühsal, dem Frost und dem Hunger.

Buck was the exception. 22.5

Buck war die Ausnahme.

He alone endured and prospered, matching the husky in strength, savagery, and cunning. 22.6

Er allein überlebte und gedieh und war dem Husky in Kraft, Wildheit und Gerissenheit ebenbürtig.

Then he was a masterful dog, and what made him dangerous was the fact that the club of the man in the red sweater had knocked all blind pluck and rashness out of his desire for mastery. 22.7

Dann war er ein meisterhafter Hund, und was ihn gefährlich machte, war die Tatsache, dass die Keule des Mannes im roten Pullover ihm jeden blinden Mut und jede Unbesonnenheit genommen hatte.

He was preeminently cunning, 22.8

Er war äußerst gerissen und konnte seine Zeit mit einer Geduld abwarten,

and could bide his time with a patience that was nothing less than primitive. 22.9

die nichts weniger als primitiv war.

23.1 **It was inevitable that the clash for leadership should come.**

Es war unvermeidlich, dass es zu einem Kampf um die Führung kam.

23.2 **Buck wanted it.**

Buck wollte sie.

23.3 **He wanted it because it was his nature, because he had been gripped tight by that nameless, incomprehensible pride of the trail and trace -**

Er wollte es, weil es seiner Natur entsprach, weil er von jenem namenlosen, unbegreiflichen Stolz auf die Fährte und die Spur gepackt worden war -

23.4 **that pride which holds dogs in the toil to the last gasp, which lures them to die joyfully in the harness, and breaks their hearts if they are cut out of the harness.**

jenem Stolz, der die Hunde bis zum letzten Atemzug in der Mühsal hält, der sie dazu verlockt, freudig im Geschirr zu sterben, und der ihnen das Herz bricht, wenn sie aus dem Geschirr geschnitten werden.

23.5 **This was the pride of Dave as wheel-dog, of Sol-leks as he pulled with all his strength;**

Das war der Stolz von Dave als Radhund, von Sol-leks, als er mit aller Kraft zog;

23.6 **the pride that laid hold of them at break of camp, transforming them from sour and sullen brutes into straining, eager, ambitious creatures;**

der Stolz, der sie beim Aufbruch des Lagers ergriff und sie von mürrischen und mürrischen Bestien in anstrengende, eifrige, ehrgeizige Geschöpfe verwandelte;

the pride that spurred them on all day and dropped them at pitch of camp at night, letting them fall back into gloomy unrest and uncontent.

23.7

der Stolz, der sie den ganzen Tag anspornte und sie beim Aufschlagen des Lagers in der Nacht fallen ließ, um sie in düstere Unruhe und Unzufriedenheit zurückfallen zu lassen.

This was the pride that bore up Spitz and made him thrash the sled-dogs who blundered and shirked in the traces or hid away at harness-up time in the morning.

23.8

Das war der Stolz, der Spitz trug und ihn dazu brachte, die Schlittenhunde zu verprügeln, die in den Spuren irrten und sich drückten oder sich morgens beim Anschirren versteckten.

Likewise it was this pride that made him fear Buck as a possible lead-dog.

23.9

Ebenso war es dieser Stolz, der ihn Buck als möglichen Leithund fürchten ließ.

And this was Buck's pride, too.

23.10

Und das war auch Bucks Stolz.

He openly threatened the other's leadership.

24.1

Er bedrohte offen die Führung des anderen.

He came between him and the shirks he should have punished.

24.2

Er stellte sich zwischen ihn und die Shirks, die er hätte bestrafen sollen.

And he did it deliberately.

24.3

Und er tat es absichtlich.

24.4 One night there was a heavy snowfall, and in the morning Pike, the malingerer, did not appear.

Eines Nachts gab es heftigen Schneefall, und am Morgen erschien Pike, der Simulant, nicht.

24.5 He was securely hidden in his nest under a foot of snow.

Er hatte sich in seinem Nest unter einem Fuß Schnee sicher versteckt.

24.6 François called him and sought him in vain.

François rief ihn und suchte ihn vergeblich.

24.7 Spitz was wild with wrath.

Spitz war wild vor Zorn.

24.8 He raged through the camp, smelling and digging in every likely place, snarling so frightfully that Pike heard and shivered in his hiding-place.

Er tobte durch das Lager, witterte und wühlte an allen möglichen Stellen und knurrte so fürchterlich, dass Hecht es hörte und in seinem Versteck erschauerte.

25.1 But when he was at last unearthed, and Spitz flew at him to punish him, Buck flew, with equal rage, in between.

Doch als er endlich ausgegraben wurde und Spitz sich auf ihn stürzte, um ihn zu bestrafen, flog Buck mit gleicher Wut dazwischen.

25.2 So unexpected was it, and so shrewdly managed, that Spitz was hurled backward and off his feet.

Das kam so unerwartet und war so geschickt gemacht, dass Spitz nach hinten geschleudert wurde und von den Füßen fiel.

Pike, who had been trembling abjectly, took heart at this open mutiny, and sprang upon his overthrown leader.

25.3

Pike, der unterwürfig gezittert hatte, fasste sich angesichts dieser offenen Meuterei ein Herz und stürzte sich auf seinen gestürzten Anführer.

Buck, to whom fair play was a forgotten code, likewise sprang upon Spitz.

25.4

Buck, für den Fairplay ein vergessener Kodex war, stürzte sich ebenfalls auf Spitz.

But François, chuckling at the incident while unswerving in the administration of justice, brought his lash down upon Buck with all his might.

25.5

Doch François, der über den Vorfall lachte und gleichzeitig unbeirrbar Recht sprach, ließ seine Peitsche mit aller Kraft auf Buck niedergehen.

This failed to drive Buck from his prostrate rival,

25.6

Buck ließ sich dadurch nicht von seinem am Boden liegenden Rivalen vertreiben,

and the butt of the whip was brought into play.

25.7

und der Peitschenstiel kam ins Spiel.

Half-stunned by the blow, Buck was knocked backward and the lash laid upon him again and again, while Spitz soundly punished the many times offending Pike.

25.8

Halb betäubt von dem Schlag wurde Buck nach hinten geschleudert und die Peitsche wieder und wieder auf ihn gelegt, während Spitz den mehrfach beleidigten Pike hart bestrafte.

26.1 In the days that followed, as Dawson grew closer and closer, Buck still continued to interfere between Spitz and the culprits; but he did it craftily, when François was not around, With the covert mutiny of Buck, a general insubordination sprang up and increased.

In den darauffolgenden Tagen, als Dawson immer näher kam, mischte sich Buck immer noch zwischen Spitz und die Schuldigen, aber er tat es heimlich, wenn François nicht in der Nähe war.

26.2 Dave and Sol-leks were unaffected,

Dave und Sol-leks waren davon nicht betroffen,

26.3 but the rest of the team went from bad to worse.

aber dem Rest der Mannschaft ging es immer schlechter.

26.4 Things no longer went right.

Die Dinge liefen nicht mehr richtig.

26.5 There was continual bickering and jangling.

Ständig gab es Zank und Gezänk.

26.6 Trouble was always afoot, and at the bottom of it was Buck.

Ständig gab es Ärger, und der Grund dafür war Buck.

26.7 He kept François busy, for the dog-driver was in constant apprehension of the life-and-death struggle between the two which he knew must take place sooner or later;

Er hielt François auf Trab, denn der Hundeführer war in ständiger Angst vor dem Kampf auf Leben und Tod zwischen den beiden, von dem er wusste, dass er früher oder später stattfinden musste;

and on more than one night the sounds of quarrelling and strife among the other dogs turned him out of his sleeping robe, fearful that Buck and Spitz were at it. 26.8

und in mehr als einer Nacht weckten ihn die Geräusche von Streitereien und Auseinandersetzungen zwischen den anderen Hunden aus dem Schlafrock, weil er befürchtete, dass Buck und Spitz sich stritten.

But the opportunity did not present itself, and they pulled into Dawson one dreary afternoon with the great fight still to come. 27.1

Aber die Gelegenheit bot sich nicht, und so fuhren sie eines trüben Nachmittags in Dawson ein, wo der große Kampf noch bevorstand.

Here were many men, and countless dogs, and Buck found them all at work. 27.2

Hier waren viele Männer und unzählige Hunde, und Buck fand sie alle bei der Arbeit.

It seemed the ordained order of things that dogs should work. 27.3

Es schien, als sei es der Lauf der Dinge, dass die Hunde arbeiten sollten.

All day they swung up and down the main street in long teams, 27.4

Den ganzen Tag über zogen sie in langen Gespannen die Hauptstraße hinauf und hinunter,

and in the night their jingling bells still went by. 27.5

und in der Nacht ertönte immer noch ihr Glockengeläut.

27.6 **They hauled cabin logs and firewood, freighted up to the mines, and did all manner of work that horses did in the Santa Clara Valley.**

Sie schleppten Holzscheite und Feuerholz, transportierten Fracht zu den Minen und erledigten alle möglichen Arbeiten, die im Santa Clara Valley von Pferden erledigt wurden.

27.7 **Here and there Buck met Southland dogs,**

Hier und da begegnete Buck Hunden aus dem Südland,

27.8 **but in the main they were the wild wolf husky breed.**

aber meistens waren es wilde Wolfshunde.

27.9 **Every night, regularly, at nine, at twelve, at three, they lifted a nocturnal song, a weird and eerie chant, in which it was Buck's delight to join.**

Jede Nacht, regelmäßig um neun, um zwölf, um drei, stimmten sie ein nächtliches Lied an, einen unheimlichen Gesang, in den Buck gerne einstimmte.

28.1 **With the aurora borealis flaming coldly overhead, or the stars leaping in the frost dance, and the land numb and frozen under its pall of snow, this song of the huskies might have been the defiance of life, only it was pitched in minor key, with long-drawn wailings and half-sobs, and was more the pleading of life, the articulate travail of existence.**

Wenn die Polarlichter kalt über dem Himmel flammten oder die Sterne im Frosttanz hüpften und das Land unter seiner Schneedecke taub und gefroren war, hätte dieses Lied der Huskys der Trotz des Lebens sein können, nur war es in Moll gestimmt, mit langgezogenen Wehklagen und Halbschluchzern, und war mehr das Flehen des Lebens, die artikulierte Mühsal der Existenz.

28.2 **It was an old song, old as the breed itself -**

Es war ein altes Lied, so alt wie die Rasse selbst -

one of the first songs of the younger world in a day when songs were sad.   28.3

eines der ersten Lieder der jüngeren Welt in einer Zeit, als Lieder noch traurig waren.

It was invested with the woe of unnumbered generations, this plaint by which Buck was so strangely stirred.   28.4

In diesem Klagelied, das Buck so seltsam erregte, steckte das Leid unzähliger Generationen.

When he moaned and sobbed, it was with the pain of living that was of old the pain of his wild fathers, and the fear and mystery of the cold and dark that was to them fear and mystery.   28.5

Wenn er stöhnte und schluchzte, dann war es der Schmerz des Lebens, der einst der Schmerz seiner wilden Väter war, und die Angst und das Geheimnis der Kälte und der Dunkelheit, die für sie Angst und Geheimnis waren.

And that he should be stirred by it marked the completeness with which he harked back through the ages of fire and roof to the raw beginnings of life in the howling ages.   28.6

Und dass es ihn rührte, zeigte die Vollständigkeit, mit der er durch die Zeitalter des Feuers und des Dachs zu den rohen Anfängen des Lebens in den heulenden Zeitaltern zurückblickte.

Seven days from the time they pulled into Dawson, they dropped down the steep bank by the Barracks to the Yukon Trail, and pulled for Dyea and Salt Water.   29.1

Sieben Tage, nachdem sie in Dawson angekommen waren, fuhren sie das Steilufer bei den Kasernen hinunter zum Yukon Trail und weiter nach Dyea und Salt Water.

29.2 Perrault was carrying despatches if anything more urgent than those he had brought in;

Perrault hatte dringendere Depeschen im Gepäck als die, die er mitgebracht hatte;

29.3 also, the travel pride had gripped him, and he purposed to make the record trip of the year.

außerdem hatte ihn der Reisestolz gepackt, und er hatte sich vorgenommen, die Rekordreise des Jahres zu machen.

29.4 Several things favored him in this.

Mehrere Dinge begünstigten ihn dabei.

29.5 The week's rest had recuperated the dogs and put them in thorough trim.

Die einwöchige Ruhepause hatte die Hunde erholt und sie in einen guten Zustand versetzt.

29.6 The trail they had broken into the country was packed hard by later journeyers.

Die Spur, die sie ins Land geschlagen hatten, war von späteren Reisenden stark beansprucht worden.

29.7 And further, the police had arranged in two or three places deposits of grub for dog and man, and he was travelling light.

Außerdem hatte die Polizei an zwei oder drei Stellen Futter für Hund und Mensch deponiert, und er war mit leichtem Gepäck unterwegs.

30.1 They made Sixty Mile, which is a fifty-mile run, on the first day; and the second day saw them booming up the Yukon well on their way to Pelly.

Am ersten Tag erreichten sie Sixty Mile, eine Strecke von fünfzig Meilen, und am zweiten Tag fuhren sie den Yukon hinauf und waren auf dem Weg nach Pelly.

But such splendid running was achieved not without great trouble and vexation on the part of François.
30.2

Aber diese großartige Leistung wurde nicht ohne große Schwierigkeiten und Ärger für François erreicht.

The insidious revolt led by Buck had destroyed the solidarity of the team.
30.3

Die von Buck angeführte heimtückische Revolte hatte den Zusammenhalt des Teams zerstört.

It no longer was as one dog leaping in the traces.
30.4

Es war nicht mehr wie ein Hund, der in den Spuren springt.

The encouragement Buck gave the rebels led them into all kinds of petty misdemeanors.
30.5

Die Ermutigung, die Buck den Rebellen gab, verleitete sie zu allen möglichen kleinen Vergehen.

No more was Spitz a leader greatly to be feared.
30.6

Spitz war nicht länger ein gefürchteter Anführer.

The old awe departed, and they grew equal to challenging his authority.
30.7

Die alte Ehrfurcht war verflogen, und sie wuchsen daran, seine Autorität in Frage zu stellen.

Pike robbed him of half a fish one night, and gulped it down under the protection of Buck.
30.8

Hecht raubte ihm eines Nachts einen halben Fisch und schluckte ihn unter dem Schutz von Buck hinunter.

Another night Dub and Joe fought Spitz and made him forego the punishment they deserved.
30.9

In einer anderen Nacht kämpften Dub und Joe mit Spitz und brachten ihn dazu, auf die Strafe zu verzichten, die sie verdienten.

30.10 And even Billee, the good-natured, was less good-natured, and whined not half so placatingly as in former days.

Und selbst Billee, der Gutmütige, war weniger gutmütig und jammerte nicht mehr halb so beschwichtigend wie früher.

30.11 Buck never came near Spitz without snarling and bristling menacingly.

Buck kam nie in die Nähe von Spitz, ohne zu knurren und sich bedrohlich zu sträuben.

30.12 In fact, his conduct approached that of a bully, and he was given to swaggering up and down before Spitz's very nose.

Sein Verhalten kam dem eines Rüpels gleich, und er stolzierte vor Spitz' Nase auf und ab.

31.1 The breaking down of discipline likewise affected the dogs in their relations with one another.

Der Zusammenbruch der Disziplin wirkte sich auch auf die Beziehungen der Hunde untereinander aus.

31.2 They quarrelled and bickered more than ever among themselves,

Sie stritten und zankten mehr denn je untereinander,

31.3 till at times the camp was a howling bedlam.

bis das Lager zeitweise ein heilloses Durcheinander war.

31.4 Dave and Sol-leks alone were unaltered,

Nur Dave und Sol-leks blieben unbeeindruckt,

31.5 though they were made irritable by the unending squabbling.

obwohl sie durch die ständigen Streitereien gereizt wurden.

François swore strange barbarous oaths, and stamped the snow in futile rage, and tore his hair.

31.6

François schwor seltsame, barbarische Flüche, stampfte in sinnloser Wut auf den Schnee und riss sich die Haare aus.

His lash was always singing among the dogs,

31.7

Seine Peitsche ertönte immer wieder unter den Hunden,

but it was of small avail.

31.8

aber sie nützte wenig.

Directly his back was turned they were at it again.

31.9

Kaum hatte er sich umgedreht, waren sie wieder da.

He backed up Spitz with his whip,

31.10

Er trieb Spitz mit seiner Peitsche an,

while Buck backed up the remainder of the team.

31.11

während Buck den Rest des Gespanns zurücktrieb.

François knew he was behind all the trouble, and Buck knew he knew;

31.12

François wusste, dass er hinter all dem Ärger steckte, und Buck wusste, dass er es wusste;

but Buck was too clever ever again to be caught red-handed.

31.13

aber Buck war zu schlau, um jemals wieder auf frischer Tat ertappt zu werden.

He worked faithfully in the harness,

31.14

Er arbeitete treu im Gespann,

for the toil had become a delight to him;

31.15

denn die Arbeit war ihm zum Vergnügen geworden;

31.16 yet it was a greater delight slyly to precipitate a fight amongst his mates and tangle the traces.

aber es war ein noch größeres Vergnügen, mit List und Tücke einen Streit zwischen seinen Kameraden heraufzubeschwören und die Spuren zu verwirren.

32.1 At the mouth of the Tahkeena, one night after supper, Dub turned up a snowshoe rabbit, blundered it, and missed.

An der Mündung des Tahkeena tauchte Dub eines Abends nach dem Abendessen ein Schneeschuhkaninchen auf, stolperte und verfehlte es.

32.2 In a second the whole team was in full cry.

Innerhalb einer Sekunde war das ganze Team in heller Aufregung.

32.3 A hundred yards away was a camp of the Northwest Police, with fifty dogs, huskies all, who joined the chase.

Hundert Meter entfernt befand sich ein Lager der Nordwest-Polizei mit fünfzig Hunden, allesamt Huskys, die sich der Verfolgung anschlossen.

32.4 The rabbit sped down the river, turned off into a small creek, up the frozen bed of which it held steadily.

Das Kaninchen raste den Fluss hinunter, bog in einen kleinen Bach ab, dessen gefrorenes Bett es stetig hinaufzog.

32.5 It ran lightly on the surface of the snow,

Er lief leicht auf der Schneeoberfläche,

32.6 while the dogs ploughed through by main strength.

während die Hunde sich mit aller Kraft durchpflügten.

Buck led the pack, sixty strong, around bend after bend, but he could not gain. 32.7

Buck führte das Rudel, sechzig Mann stark, um eine Biegung nach der anderen, aber er konnte nicht gewinnen.

He lay down low to the race, whining eagerly, his splendid body flashing forward, leap by leap, in the wan white moonlight. 32.8

Er legte sich nieder und winselte eifrig, während sein prächtiger Körper im fahlen weißen Mondlicht Sprung für Sprung vorwärts blitzte.

And leap by leap, like some pale frost wraith, the snowshoe rabbit flashed on ahead. 32.9

Und Sprung um Sprung, wie ein bleiches Frostgespenst, blitzte der Schneeschuhhase vorwärts.

All that stirring of old instincts which at stated periods drives men out from the sounding cities to forest and plain to kill things by chemically propelled leaden pellets, the blood lust, the joy to kill - 33.1

Die ganze Aufregung der alten Instinkte, die die Menschen zu bestimmten Zeiten aus den klingenden Städten in die Wälder und Ebenen treibt, um Dinge mit chemisch angetriebenen Bleikugeln zu töten, die Blutlust, die Freude am Töten -

all this was Buck's, only it was infinitely more intimate. 33.2

all das gehörte zu Buck, nur war es unendlich viel intimer.

33.3 He was ranging at the head of the pack, running the wild thing down, the living meat, to kill with his own teeth and wash his muzzle to the eyes in warm blood.

Er war an der Spitze des Rudels unterwegs und jagte das wilde Ding, das lebende Fleisch, um es mit seinen eigenen Zähnen zu töten und seine Schnauze bis zu den Augen in warmem Blut zu waschen.

34.1 There is an ecstasy that marks the summit of life,

Es gibt eine Ekstase,

34.2 and beyond which life cannot rise.

die den Gipfel des Lebens markiert und über die sich das Leben nicht erheben kann.

34.3 And such is the paradox of living, this ecstasy comes when one is most alive, and it comes as a complete forgetfulness that one is alive.

Und das ist das Paradoxe am Leben: Diese Ekstase kommt, wenn man am lebendigsten ist, und sie kommt, wenn man völlig vergisst, dass man lebt.

34.4 This ecstasy, this forgetfulness of living, comes to the artist, caught up and out of himself in a sheet of flame;

Diese Ekstase, diese Vergessenheit des Lebens, kommt zum Künstler, der in einem Flammenmeer aus sich selbst herausgeht;

34.5 it comes to the soldier, war-mad on a stricken field and refusing quarter;

sie kommt zum Soldaten, der kriegsbegeistert auf einem zerstörten Feld steht und sich weigert, ein Quartier zu nehmen;

and it came to Buck, leading the pack, sounding the old wolf-cry, straining after the food that was alive and that fled swiftly before him through the moonlight.

34.6

und sie kommt zu Buck, der das Rudel anführt, den alten Wolfsschrei ausstößt und sich nach der lebendigen Nahrung sehnt, die schnell vor ihm durch das Mondlicht flieht.

He was sounding the deeps of his nature, and of the parts of his nature that were deeper than he, going back into the womb of Time.

34.7

Er lauschte den Tiefen seines Wesens und den Teilen seines Wesens, die tiefer lagen als er selbst und in den Schoß der Zeit zurückreichten.

He was mastered by the sheer surging of life, the tidal wave of being, the perfect joy of each separate muscle, joint, and sinew in that it was everything that was not death, that it was aglow and rampant, expressing itself in movement, flying exultantly under the stars and over the face of dead matter that did not move.

34.8

Er war beherrscht von der schieren Woge des Lebens, der Flutwelle des Seins, der vollkommenen Freude jedes einzelnen Muskels, jedes Gelenks und jeder einzelnen Sehne, weil sie alles waren, was nicht der Tod war, weil sie glühten und wucherten, sich in Bewegung ausdrückten und jubelnd unter den Sternen und über dem Gesicht der toten Materie flogen, die sich nicht bewegte.

But Spitz, cold and calculating even in his supreme moods, left the pack and cut across a narrow neck of land where the creek made a long bend around.

35.1

Aber Spitz, kalt und berechnend, selbst in seiner besten Laune, verließ das Rudel und überquerte einen schmalen Landzipfel, wo der Bach eine lange Biegung machte.

35.2 Buck did not know of this, and as he rounded the bend, the frost wraith of a rabbit still flitting before him, he saw another and larger frost wraith leap from the overhanging bank into the immediate path of the rabbit.

Buck wusste nichts davon, und als er die Biegung umrundete, das Frostgespenst eines Kaninchens immer noch vor sich huschend, sah er, wie ein anderes, größeres Frostgespenst vom überhängenden Ufer in den unmittelbaren Weg des Kaninchens sprang.

35.3 It was Spitz.

Es war Spitz.

35.4 The rabbit could not turn, and as the white teeth broke its back in mid air it shrieked as loudly as a stricken man may shriek.

Das Kaninchen konnte sich nicht umdrehen, und als die weißen Zähne ihm mitten in der Luft den Rücken durchbrachen, schrie es so laut, wie ein angeschlagener Mensch schreien kann.

35.5 At sound of this, the cry of Life plunging down from Life's apex in the grip of Death, the full pack at Buck's heels raised a hell's chorus of delight.

Bei diesem Schrei, dem Schrei des Lebens, das vom Scheitelpunkt des Lebens im Griff des Todes herabstürzt, stieß die ganze Meute an Bucks Fersen einen höllischen Jubelschrei aus.

36.1 Buck did not cry out.

Buck schrie nicht auf.

36.2 He did not check himself, but drove in upon Spitz, shoulder to shoulder, so hard that he missed the throat.

Er zügelte sich nicht, sondern stürzte sich auf Spitz, Schulter an Schulter, so hart, dass er die Kehle verfehlte.

They rolled over and over in the powdery snow. 36.3

Sie wälzten sich im Pulverschnee hin und her.

Spitz gained his feet almost as though he had not 36.4
been overthrown, slashing Buck down the shoulder
and leaping clear.

Spitz kam wieder auf die Beine, fast so, als wäre er nicht
gestürzt, schlug Buck in die Schulter und sprang davon.

Twice his teeth clipped together, like the steel jaws of 36.5
a trap, as he backed away for better footing, with lean
and lifting lips that writhed and snarled.

Zweimal biss er die Zähne zusammen, wie die stählernen
Klauen einer Falle, als er sich zurückzog, um einen
besseren Stand zu haben, mit hageren und hochgezogenen
Lippen, die sich verzogen und knurrten.

In a flash Buck knew it. The time had come. 37.1

Blitzschnell wusste Buck es. Die Zeit war gekommen.

It was to the death. 37.2

Es ging um den Tod.

As they circled about, snarling, ears laid back, keenly 37.3
watchful for the advantage, the scene came to Buck
with a sense of familiarity.

Während sie sich knurrend im Kreis drehten, die Ohren
nach hinten legten und eifrig nach einem Vorteil Ausschau
hielten, kam Buck die Szene sehr bekannt vor.

He seemed to remember it all, — the white woods, 37.4
and earth, and moonlight, and the thrill of battle.

Er schien sich an alles zu erinnern, an die weißen Wälder,
die Erde, das Mondlicht und den Nervenkitzel der Schlacht.

112

37.5 **Over the whiteness and silence brooded a ghostly calm.**
Über dem Weiß und der Stille brütete eine gespenstische Ruhe.

37.6 **There was not the faintest whisper of air -**
Es gab nicht das leiseste Flüstern in der Luft -

37.7 **nothing moved, not a leaf quivered, the visible breaths of the dogs rising slowly and lingering in the frosty air.**
nichts bewegte sich, kein Blatt zitterte, nur die sichtbaren Atemzüge der Hunde stiegen langsam auf und verweilten in der frostigen Luft.

37.8 **They had made short work of the snowshoe rabbit, these dogs that were ill-tamed wolves; and they were now drawn up in an expectant circle.**
Sie hatten mit dem Schneeschuhkaninchen kurzen Prozess gemacht, diese Hunde, die ungezähmte Wölfe waren, und sie standen nun in einem erwartungsvollen Kreis zusammen.

37.9 **They, too, were silent, their eyes only gleaming and their breaths drifting slowly upward.**
Auch sie waren schweigsam, ihre Augen leuchteten nur und ihr Atem ging langsam nach oben.

37.10 **To Buck it was nothing new or strange,**
Für Buck war es nichts Neues oder Fremdes,

37.11 **this scene of old time.**
diese Szene aus alter Zeit.

It was as though it had always been, the wonted way of things. 37.12

Es war so, als wäre es schon immer so gewesen, der gewohnte Lauf der Dinge.

Spitz was a practised fighter. 38.1

Spitz war ein geübter Kämpfer.

From Spitzbergen through the Arctic, and across Canada and the Barrens, he had held his own with all manner of dogs and achieved to mastery over them. 38.2

Von Spitzbergen über die Arktis bis nach Kanada und in die Barrens hatte er sich mit allen möglichen Hunden angelegt und war ihnen überlegen.

Bitter rage was his, but never blind rage. 38.3

Bittere Wut war seine, aber niemals blinde Wut.

In passion to rend and destroy, he never forgot that his enemy was in like passion to rend and destroy. 38.4

In seiner Leidenschaft, zu zerreißen und zu zerstören, vergaß er nie, dass sein Feind in der gleichen Leidenschaft war, zu zerreißen und zu zerstören.

He never rushed till he was prepared to receive a rush; 38.5

Er stürmte nie, bevor er nicht bereit war, einen Angriff zu empfangen;

never attacked till he had first defended that attack. 38.6

er griff nie an, bevor er den Angriff nicht verteidigt hatte.

In vain Buck strove to sink his teeth in the neck of the big white dog. 39.1

Vergeblich versuchte Buck, seine Zähne in den Hals des großen weißen Hundes zu schlagen.

39.2 Wherever his fangs struck for the softer flesh,

Wo immer seine Reißzähne nach dem weicheren Fleisch griffen,

39.3 they were countered by the fangs of Spitz.

wurden sie von den Reißzähnen des Spitzes erwidert.

39.4 Fang clashed fang, and lips were cut and bleeding, but Buck could not penetrate his enemy's guard.

Reißzähne prallten aufeinander, und die Lefzen waren zerschnitten und bluteten, aber Buck konnte den Schutz seines Feindes nicht durchdringen.

39.5 Then he warmed up and enveloped Spitz in a whirlwind of rushes.

Dann wärmte er sich auf und hüllte Spitz in einen Wirbelsturm von Hieben ein.

39.6 Time and time again he tried for the snow-white throat, where life bubbled near to the surface, and each time and every time Spitz slashed him and got away.

Immer wieder versuchte er es an der schneeweißen Kehle, wo das Leben nahe der Oberfläche brodelte, und immer wieder schlug Spitz zu und entkam.

39.7 Then Buck took to rushing, as though for the throat, when, suddenly drawing back his head and curving in from the side, he would drive his shoulder at the shoulder of Spitz, as a ram by which to overthrow him.

Dann stürzte sich Buck wie auf die Kehle, zog plötzlich den Kopf zurück und bog sich von der Seite her ein, um mit der Schulter auf die Schulter von Spitz einzuschlagen und ihn damit zu stürzen.

But instead, 39.8
Aber stattdessen wurde Bucks Schulter jedes Mal
niedergestreckt,

Buck's shoulder was slashed down each time as Spitz 39.9
leaped lightly away.
während Spitz leichtfüßig davonsprang.

Spitz was untouched, 40.1
Spitz war unversehrt,

while Buck was streaming with blood and panting 40.2
hard.
während Buck blutüberströmt war und schwer keuchte.

The fight was growing desperate. 40.3
Der Kampf wurde immer aussichtsloser.

And all the while the silent and wolfish circle waited 40.4
to finish off whichever dog went down.
Und die ganze Zeit über wartete der schweigsame und
wölfische Kreis darauf, denjenigen Hund zu erledigen, der
zu Boden ging.

As Buck grew winded, Spitz took to rushing, and he 40.5
kept him staggering for footing.
Als Buck immer müder wurde, stürzte sich Spitz auf ihn
und ließ ihn taumeln, um Halt zu finden.

Once Buck went over, 40.6
Einmal kippte Buck um,

and the whole circle of sixty dogs started up; 40.7
und der ganze Kreis von sechzig Hunden sprang auf;

40.8 but he recovered himself, almost in mid air, and the circle sank down again and waited.

aber er erholte sich, fast in der Luft, und der Kreis sank wieder nieder und wartete.

41.1 But Buck possessed a quality that made for greatness — imagination.

Aber Buck besaß eine Eigenschaft, die für Größe sorgte: Vorstellungskraft.

41.2 He fought by instinct,

Er kämpfte mit dem Instinkt,

41.3 but he could fight by head as well.

aber er konnte auch mit dem Kopf kämpfen.

41.4 He rushed, as though attempting the old shoulder trick, but at the last instant swept low to the snow and in.

Er stürmte vor, als wolle er den alten Schultertrick anwenden, doch im letzten Moment fegte er tief in den Schnee und schlug zu.

41.5 His teeth closed on Spitz's left fore leg.

Seine Zähne schlossen sich um das linke Vorderbein von Spitz.

41.6 There was a crunch of breaking bone,

Es knirschte wie ein brechender Knochen,

41.7 and the white dog faced him on three legs.

und der weiße Hund stellte sich ihm auf drei Beinen entgegen.

Thrice he tried to knock him over, then repeated the trick and broke the right fore leg.

41.8

Dreimal versuchte er, ihn umzuwerfen, dann wiederholte er den Trick und brach das rechte Vorderbein.

Despite the pain and helplessness,

41.9

Trotz des Schmerzes und der Hilflosigkeit kämpfte Spitz wie wild,

Spitz struggled madly to keep up.

41.10

um Schritt zu halten.

He saw the silent circle, with gleaming eyes, lolling tongues, and silvery breaths drifting upward, closing in upon him as he had seen similar circles close in upon beaten antagonists in the past.

41.11

Er sah den schweigenden Kreis mit den glänzenden Augen, den sich räkelnden Zungen und den silbrigen Atemzügen, die nach oben schwebten, auf sich zukommen, so wie er in der Vergangenheit ähnliche Kreise auf besiegte Gegner zukommen gesehen hatte.

Only this time he was the one who was beaten.

41.12

Nur war diesmal er derjenige, der geschlagen wurde.

There was no hope for him. Buck was inexorable.

42.1

Es gab keine Hoffnung für ihn. Buck war unerbittlich.

Mercy was a thing reserved for gentler climes.

42.2

Mitleid war eine Sache, die für sanftere Gefilde reserviert war.

He manœuvred for the final rush.

42.3

Er wappnete sich für den letzten Ansturm.

42.4 **The circle had tightened till he could feel the breaths of the huskies on his flanks.**

Der Kreis war enger geworden, bis er den Atem der Huskys an seinen Flanken spüren konnte.

42.5 **He could see them, beyond Spitz and to either side, half crouching for the spring, their eyes fixed upon him.**

Er konnte sie sehen, jenseits von Spitz und zu beiden Seiten, halb geduckt für den Sprung, ihre Augen auf ihn gerichtet.

42.6 **A pause seemed to fall.**

Es schien eine Pause zu geben.

42.7 **Every animal was motionless as though turned to stone.**

Alle Tiere waren regungslos, als wären sie zu Stein geworden.

42.8 **Only Spitz quivered and bristled as he staggered back and forth, snarling with horrible menace, as though to frighten off impending death.**

Nur Spitz zitterte und sträubte sich, taumelte hin und her und knurrte mit schrecklicher Drohung, als wolle er den drohenden Tod verscheuchen.

42.9 **Then Buck sprang in and out;**

Dann sprang Buck hinein und wieder heraus;

42.10 **but while he was in,**

aber während er hineinsprang,

42.11 **shoulder had at last squarely met shoulder.**

traf die Schulter endlich genau auf die Schulter.

The dark circle became a dot on the moon-flooded snow as Spitz disappeared from view.

42.12

Der dunkle Kreis wurde zu einem Punkt auf dem monddurchfluteten Schnee, als Spitz aus dem Blickfeld verschwand.

Buck stood and looked on, the successful champion, the dominant primordial beast who had made his kill and found it good.

42.13

Buck stand und schaute zu, der erfolgreiche Champion, das dominante Urtier, das seine Beute gemacht und für gut befunden hatte.

Chapter IV. Who Has Won to Mastership

Kapitel IV. Wer hat die Meisterschaft errungen?

1.1 "Eh? Wot I say?

"Eh? Was sag ich denn?

1.2 I spik true w'en I say dat Buck two devils."

I spik true w'en I say dat Buck two devils."

1.3 This was François's speech next morning when he discovered Spitz missing and Buck covered with wounds.

So sprach François am nächsten Morgen, als er entdeckte, dass Spitz fehlte und Buck mit Wunden übersät war.

1.4 He drew him to the fire and by its light pointed them out.

Er zog ihn ans Feuer und zeigte ihm im Schein des Feuers die Wunden.

2.1 "Dat Spitz fight lak hell," said Perrault,

"Dat Spitz kämpft wie die Hölle," sagte Perrault,

as he surveyed the gaping rips and cuts.   2.2
als er die klaffenden Risse und Schnitte betrachtete.

"An' dat Buck fight lak two hells,"   3.1
"Und dat Buck kämpft wie zwei Höllen,"

was François's answer. "An' now we make good time.   3.2
war die Antwort von François. "Und jetzt kommen wir gut
voran.

No more Spitz, no more trouble, sure."   3.3
Kein Spitz mehr, kein Ärger mehr, sicher."

While Perrault packed the camp outfit and loaded the   4.1
sled, the dog-driver proceeded to harness the dogs.
Während Perrault die Lagerausrüstung packte und den
Schlitten belud, machte sich der Hundeführer daran, die
Hunde anzuspannen.

Buck trotted up to the place Spitz would have   4.2
occupied as leader; but François, not noticing him,
brought Sol-leks to the coveted position.
Buck trabte auf den Platz, den Spitz als Führer
eingenommen hätte, aber François bemerkte ihn nicht
und brachte Sol-leks auf den begehrten Platz.

In his judgment,   4.3
Seiner Meinung nach war Sol-leks der beste Leithund,

Sol-leks was the best lead-dog left.   4.4
den es noch gab.

Buck sprang upon Sol-leks in a fury,   4.5
Buck stürzte sich wütend auf Sol-leks,

4.6 driving him back and standing in his place.

dràngte ihn zurück und blieb an seinem Platz stehen.

5.1 "Eh? eh?"

"Eh? eh?"

5.2 François cried, slapping his thighs gleefully.

rief François und klopfte sich vergnügt auf die Schenkel.

5.3 "Look at dat Buck. Heem keel dat Spitz,

"Guck mal, der Buck. Heem kiel dat Spitz,

5.4 heem t'ink to take de job."

heem t'ink to take de job."

6.1 "Go 'way, Chook!" he cried, but Buck refused to budge.

"Geh weg, Chook!" rief er, aber Buck rührte sich nicht.

7.1 He took Buck by the scruff of the neck, and though the dog growled threateningly, dragged him to one side and replaced Sol-leks.

Er packte Buck am Genick, und obwohl der Hund bedrohlich knurrte, zerrte er ihn zur Seite und setzte Sol-leks wieder ein.

7.2 The old dog did not like it, and showed plainly that he was afraid of Buck.

Dem alten Hund gefiel das nicht, und er zeigte deutlich, dass er Angst vor Buck hatte.

François was obdurate, but when he turned his back Buck again displaced Sol-leks, who was not at all unwilling to go.   7.3

François war hartnäckig, aber als er sich umdrehte, verdrängte Buck erneut Sol-leks, der gar nicht abgeneigt war, zu gehen.

François was angry. "Now, by Gar, I feex you!"   8.1

François war wütend. "Jetzt, bei Gott, verfluche ich dich!"

he cried, coming back with a heavy club in his hand.   8.2

rief er und kam mit einer schweren Keule in der Hand zurück.

Buck remembered the man in the red sweater, and retreated slowly;   9.1

Buck erinnerte sich an den Mann im roten Pullover und wich langsam zurück;

nor did he attempt to charge in when Sol-leks was once more brought forward.   9.2

er versuchte auch nicht, auf Sol-leks zuzustürmen, als dieser wieder nach vorne kam.

But he circled just beyond the range of the club, snarling with bitterness and rage;   9.3

Aber er kreiste knapp außerhalb der Reichweite des Schlägers und knurrte vor Bitterkeit und Wut;

and while he circled he watched the club so as to dodge it if thrown by François, for he was become wise in the way of clubs.   9.4

und während er kreiste, beobachtete er den Schläger, um ihm auszuweichen, falls er von François geworfen würde, denn er war im Umgang mit Schlägern klug geworden.

124

9.5 **The driver went about his work, and he called to Buck when he was ready to put him in his old place in front of Dave.**

Der Fahrer machte sich an die Arbeit und rief Buck zu, als er bereit war, ihn an seinen alten Platz vor Dave zu setzen.

9.6 **Buck retreated two or three steps. François followed him up,**

Buck wich zwei oder drei Schritte zurück. François folgte ihm,

9.7 **whereupon he again retreated.**

woraufhin er sich wieder zurückzog.

9.8 **After some time of this, François threw down the club, thinking that Buck feared a thrashing.**

Nach einiger Zeit warf François den Knüppel hin, weil er dachte, dass Buck eine Tracht Prügel befürchtete.

9.9 **But Buck was in open revolt.**

Aber Buck war in offener Revolte.

9.10 **He wanted, not to escape a clubbing, but to have the leadership.**

Er wollte nicht nur einer Tracht Prügel entgehen, sondern die Führung übernehmen.

9.11 **It was his by right. He had earned it,**

Sie stand ihm von Rechts wegen zu. Er hatte sie sich verdient,

9.12 **and he would not be content with less.**

und er würde sich nicht mit weniger zufrieden geben.

10.1 **Perrault took a hand.**

Perrault nahm eine Hand.

Between them they ran him about for the better part
of an hour.

10.2

Sie trieben ihn fast eine Stunde lang durch die Gegend.

They threw clubs at him. He dodged.

10.3

Sie warfen mit Knüppeln nach ihm. Er wich aus.

They cursed him, and his fathers and mothers before
him, and all his seed to come after him down to the
remotest generation, and every hair on his body and
drop of blood in his veins;

10.4

Sie verfluchten ihn und seine Väter und Mütter vor ihm
und alle seine Nachkommen bis in die letzte Generation,
jedes Haar auf seinem Körper und jeden Tropfen Blut in
seinen Adern;

and he answered curse with snarl and kept out of
their reach.

10.5

und er antwortete auf den Fluch mit Knurren und hielt sich
aus ihrer Reichweite heraus.

He did not try to run away, but retreated around and
around the camp, advertising plainly that when his
desire was met, he would come in and be good.

10.6

Er versuchte nicht zu fliehen, sondern zog sich um das
Lager herum zurück und kündigte deutlich an, dass er,
wenn sein Verlangen gestillt sei, hereinkommen und gut
sein würde.

François sat down and scratched his head.

11.1

François setzte sich hin und kratzte sich am Kopf.

Perrault looked at his watch and swore.

11.2

Perrault sah auf seine Uhr und fluchte.

Time was flying,

11.3

Die Zeit verging wie im Flug,

11.4 and they should have been on the trail an hour gone.
und sie hätten schon vor einer Stunde auf dem Weg sein müssen.

11.5 François scratched his head again.
François kratzte sich erneut am Kopf.

11.6 He shook it and grinned sheepishly at the courier, who shrugged his shoulders in sign that they were beaten.
Er schüttelte ihn und grinste den Kurier verlegen an, der zum Zeichen, dass sie geschlagen waren, mit den Schultern zuckte.

11.7 Then François went up to where Sol-leks stood and called to Buck.
Dann ging François dorthin, wo Sol-leks stand, und rief Buck zu.

11.8 Buck laughed, as dogs laugh, yet kept his distance.
Buck lachte, wie Hunde lachen, hielt aber Abstand.

11.9 François unfastened Sol-leks's traces and put him back in his old place.
François löste die Fesseln von Sol-leks und stellte ihn wieder an seinen alten Platz.

11.10 The team stood harnessed to the sled in an unbroken line,
Das Gespann stand in einer ununterbrochenen Reihe vor dem Schlitten,

11.11 ready for the trail.
bereit für den Weg.

11.12 There was no place for Buck save at the front.
Für Buck gab es keinen anderen Platz als den an der Spitze.

Once more François called,   11.13
Noch einmal rief François,

and once more Buck laughed and kept away.   11.14
und noch einmal lachte Buck und hielt sich fern.

"T'row down de club," Perrault commanded.   12.1
"Runter mit der Keule," befahl Perrault.

François complied, whereupon Buck trotted in,   13.1
laughing triumphantly, and swung around into
position at the head of the team.
François gehorchte, woraufhin Buck triumphierend
lachend antrabte und sich an die Spitze des Gespanns
schwang.

His traces were fastened, the sled broken out, and   13.2
with both men running they dashed out on to the
river trail.
Die Spuren wurden befestigt, der Schlitten ausgebrochen,
und beide Männer rannten auf den Flusspfad hinaus.

Highly as the dog-driver had forevalued Buck, with   14.1
his two devils, he found, while the day was yet young,
that he had undervalued.
So hoch der Hundetreiber Buck mit seinen beiden Teufeln
auch eingeschätzt hatte, so stellte er doch, als der Tag noch
jung war, fest, dass er ihn unterschätzt hatte.

14.2 At a bound Buck took up the duties of leadership; and where judgment was required, and quick thinking and quick acting, he showed himself the superior even of Spitz, of whom François had never seen an equal.

Buck übernahm sofort die Aufgaben des Anführers, und wo Urteilsvermögen, schnelles Denken und schnelles Handeln gefragt waren, zeigte er sich sogar Spitz überlegen, dem François nie einen ebenbürtigen Gegner gesehen hatte.

15.1 But it was in giving the law and making his mates live up to it, that Buck excelled.

Aber Buck zeichnete sich dadurch aus, dass er das Gesetz vorgab und seine Kameraden dazu brachte, sich daran zu halten.

15.2 Dave and Sol-leks did not mind the change in leadership.

Dave und Sol-leks störte der Führungswechsel nicht.

15.3 It was none of their business.

Es ging sie nichts an.

15.4 Their business was to toil, and toil mightily, in the traces.

Ihre Aufgabe war es, zu schuften, und zwar mächtig zu schuften.

15.5 So long as that were not interfered with, they did not care what happened.

Solange sie dabei nicht gestört wurden, war es ihnen egal, was passierte.

15.6 Billee, the good-natured, could lead for all they cared, so long as he kept order.

Billee, der Gutmütige, konnte von mir aus die Führung übernehmen, solange er für Ordnung sorgte.

The rest of the team, however, had grown unruly during the last days of Spitz, and their surprise was great now that Buck proceeded to lick them into shape. 15.7

Der Rest der Mannschaft jedoch war in den letzten Tagen von Spitz widerspenstig geworden, und ihre Überraschung war groß, als Buck sie nun in Form leckte.

Pike, who pulled at Buck's heels, and who never put an ounce more of his weight against the breast-band than he was compelled to do, was swiftly and repeatedly shaken for loafing; and ere the first day was done he was pulling more than ever before in his life. 16.1

Pike, der sich an Bucks Fersen heftete und nie mehr Gewicht gegen das Brustband drückte, als er musste, wurde schnell und wiederholt wegen Faulenzens geschüttelt, und noch bevor der erste Tag vorüber war, zog er mehr als je zuvor in seinem Leben.

The first night in camp, Joe, the sour one, was punished roundly - 16.2

In der ersten Nacht im Lager wurde Joe, der Miesepeter, hart bestraft -

a thing that Spitz had never succeeded in doing. 16.3

etwas, das Spitz noch nie geschafft hatte.

Buck simply smothered him by virtue of superior weight, 16.4

Buck erdrückte ihn einfach aufgrund seines höheren Gewichts und zerschnitt ihn,

and cut him up till he ceased snapping and began to whine for mercy. 16.5

bis er aufhörte zu schnappen und um Gnade zu winseln.

17.1 **The general tone of the team picked up immediately.**
Der allgemeine Ton des Teams verbesserte sich sofort.

17.2 **It recovered its old-time solidarity,**
Es fand zu seiner alten Solidarität zurück,

17.3 **and once more the dogs leaped as one dog in the traces.**
und die Hunde sprangen wieder wie ein einziger Hund in der Spur.

17.4 **At the Rink Rapids two native huskies, Teek and Koona, were added; and the celerity with which Buck broke them in took away François's breath.**
Bei den Rink Rapids kamen zwei einheimische Huskys, Teek und Koona, hinzu, und die Schnelligkeit, mit der Buck sie einholte, raubte François den Atem.

18.1 **"Nevaire such a dog as dat Buck!" he cried. "No,**
"Nevaire so ein Hund wie dat Buck!" rief er. "Nein,

18.2 **nevaire! Heem worth one t'ousan' dollair, by Gar! Eh?**
nimmermehr! Er ist einen Tausendsassa wert, bei Gott! Hm?

18.3 **Wot you say, Perrault?"**
Was sagst du, Perrault?"

19.1 **And Perrault nodded.**
Und Perrault nickte.

19.2 **He was ahead of the record then, and gaining day by day.**
Er war dem Rekord voraus und holte von Tag zu Tag auf.

The trail was in excellent condition, well packed and hard, and there was no new-fallen snow with which to contend. 19.3

Der Weg war in ausgezeichnetem Zustand, gut verdichtet und hart, und es gab keinen Neuschnee, mit dem man kämpfen musste.

It was not too cold. 19.4

Es war nicht zu kalt.

The temperature dropped to fifty below zero and remained there the whole trip. 19.5

Die Temperatur sank auf fünfzig Grad unter Null und blieb die ganze Zeit über so.

The men rode and ran by turn, and the dogs were kept on the jump, with but infrequent stoppages. 19.6

Die Männer ritten und liefen abwechselnd, und die Hunde wurden auf dem Sprung gehalten, mit nur seltenen Unterbrechungen.

The Thirty Mile River was comparatively coated with ice, and they covered in one day going out what had taken them ten days coming in. 20.1

Der Thirty Mile River war relativ eisfrei, und sie legten in einem Tag zurück, wofür sie auf dem Hinweg zehn Tage gebraucht hatten.

In one run they made a sixty-mile dash from the foot of Lake Le Barge to the White Horse Rapids. 20.2

In einem Lauf legten sie eine Strecke von sechzig Meilen vom Fuß des Lake Le Barge bis zu den White Horse Rapids zurück.

20.3 Across Marsh, Tagish, and Bennett (seventy miles of lakes), they flew so fast that the man whose turn it was to run towed behind the sled at the end of a rope.

Über die Seen Marsh, Tagish und Bennett (siebzig Meilen) flogen sie so schnell, dass der Mann, der an der Reihe war, den Schlitten am Ende eines Seils hinter sich herziehen musste.

20.4 And on the last night of the second week they topped White Pass and dropped down the sea slope with the lights of Skaguay and of the shipping at their feet.

Und in der letzten Nacht der zweiten Woche erreichten sie den White Pass und fuhren den Meereshang hinunter, die Lichter von Skaguay und der Schifffahrt zu ihren Füßen.

21.1 It was a record run.

Es war ein Rekordlauf.

21.2 Each day for fourteen days they had averaged forty miles.

Vierzehn Tage lang hatten sie jeden Tag im Durchschnitt vierzig Meilen zurückgelegt.

21.3 For three days Perrault and François threw chests up and down the main street of Skaguay and were deluged with invitations to drink,

Drei Tage lang warfen Perrault und François auf der Hauptstraße von Skaguay mit Kisten um sich und wurden mit Einladungen zum Trinken überhäuft,

21.4 while the team was the constant centre of a worshipful crowd of dog-busters and mushers.

während das Gespann ständig im Mittelpunkt einer verehrenden Menge von Hundejägern und Mushern stand.

Then three or four western bad men aspired to clean out the town, were riddled like pepper-boxes for their pains, and public interest turned to other idols.

21.5

Dann strebten drei oder vier westliche Bösewichte danach, die Stadt zu säubern, wurden dafür wie Pfefferbüchsen durchlöchert, und das öffentliche Interesse richtete sich auf andere Idole.

Next came official orders.

21.6

Dann kamen die offiziellen Befehle.

François called Buck to him, threw his arms around him, wept over him.

21.7

François rief Buck zu sich, warf seine Arme um ihn und weinte über ihn.

And that was the last of François and Perrault.

21.8

Und das war das letzte Mal, dass François und Perrault auftauchten.

Like other men, they passed out of Buck's life for good.

21.9

Wie andere Männer schieden auch sie für immer aus Bucks Leben aus.

A Scotch half-breed took charge of him and his mates,

22.1

Ein schottisches Halbblut übernahm ihn und seine Gefährten,

and in company with a dozen other dog-teams he started back over the weary trail to Dawson.

22.2

und zusammen mit einem Dutzend anderer Hundegespanne machte er sich auf den mühsamen Weg zurück nach Dawson.

22.3   It was no light running now, nor record time, but heavy toil each day, with a heavy load behind;

Es war jetzt kein leichtes Rennen, keine Rekordzeit, sondern jeden Tag schwere Arbeit, mit einer schweren Last im Rücken;

22.4   for this was the mail train, carrying word from the world to the men who sought gold under the shadow of the Pole.

denn dies war der Postzug, der die Nachricht aus der Welt zu den Männern brachte, die im Schatten des Pols nach Gold suchten.

23.1   Buck did not like it, but he bore up well to the work, taking pride in it after the manner of Dave and Sol-leks, and seeing that his mates, whether they prided in it or not, did their fair share.

Buck mochte es nicht, aber er hielt die Arbeit gut aus, war stolz darauf, so wie Dave und Sol-leks, und sorgte dafür, dass seine Kameraden, ob sie nun stolz darauf waren oder nicht, ihren Teil dazu beitrugen.

23.2   It was a monotonous life,

Es war ein eintöniges Leben,

23.3   operating with machine-like regularity.

das mit maschinenartiger Regelmäßigkeit ablief.

23.4   One day was very like another.

Ein Tag war wie der andere.

23.5   At a certain time each morning the cooks turned out, fires were built, and breakfast was eaten.

Jeden Morgen zu einer bestimmten Zeit rückten die Köche aus, machten Feuer und aßen Frühstück.

Then, while some broke camp, others harnessed the dogs, and they were under way an hour or so before the darkness fell which gave warning of dawn.

23.6

Dann brachen die einen das Lager ab, während die anderen die Hunde anspannten, und sie waren etwa eine Stunde vor Einbruch der Dunkelheit, die das Morgengrauen ankündigte, unterwegs.

At night, camp was made.

23.7

Nachts wurde das Lager aufgeschlagen.

Some pitched the flies, others cut firewood and pine boughs for the beds, and still others carried water or ice for the cooks.

23.8

Einige schlugen die Fliegen auf, andere schnitten Feuerholz und Kiefernzweige für die Betten, und wieder andere trugen Wasser oder Eis für die Köche.

Also, the dogs were fed.

23.9

Auch die Hunde wurden gefüttert.

To them, this was the one feature of the day, though it was good to loaf around, after the fish was eaten, for an hour or so with the other dogs, of which there were fivescore and odd.

23.10

Für sie war das der Höhepunkt des Tages, obwohl es gut war, nach dem Fischessen noch eine Stunde oder so mit den anderen Hunden, von denen es etwa fünfzig gab, herumzulungern.

23.11 There were fierce fighters among them, but three battles with the fiercest brought Buck to mastery, so that when he bristled and showed his teeth they got out of his way.

Es gab unter ihnen wilde Kämpfer, aber drei Kämpfe mit dem stärksten von ihnen brachten Buck zur Meisterschaft, so dass sie ihm aus dem Weg gingen, wenn er die Zähne zeigte und sträubte.

24.1 Best of all, perhaps, he loved to lie near the fire, hind legs crouched under him, fore legs stretched out in front, head raised, and eyes blinking dreamily at the flames.

Am liebsten lag er am Feuer, die Hinterbeine unter sich zusammengekauert, die Vorderbeine nach vorne gestreckt, den Kopf erhoben und mit den Augen verträumt in die Flammen blickend.

24.2 Sometimes he thought of Judge Miller's big house in the sun-kissed Santa Clara Valley, and of the cement swimming-tank, and Ysabel, the Mexican hairless, and Toots, the Japanese pug;

Manchmal dachte er an Richter Millers großes Haus im sonnenverwöhnten Santa-Clara-Tal und an das Schwimmbecken aus Zement und an Ysabel, die mexikanische Nackthündin, und an Toots, den japanischen Mops;

24.3 but oftener he remembered the man in the red sweater, the death of Curly, the great fight with Spitz, and the good things he had eaten or would like to eat.

aber noch öfter dachte er an den Mann im roten Pullover, an den Tod von Curly, an den großen Kampf mit Spitz und an die guten Dinge, die er gegessen hatte oder gerne essen würde.

24.4 He was not homesick.

Er hatte kein Heimweh.

The Sunland was very dim and distant, 24.5

Das Sonnenland war sehr düster und weit weg,

and such memories had no power over him. 24.6

und solche Erinnerungen hatten keine Macht über ihn.

Far more potent were the memories of his heredity 24.7
that gave things he had never seen before a seeming
familiarity;

Viel stärker waren die Erinnerungen an seine Herkunft, die
den Dingen, die er nie zuvor gesehen hatte, eine scheinbare
Vertrautheit verliehen;

the instincts (which were but the memories of his 24.8
ancestors become habits) which had lapsed in later
days, and still later, in him, quickened and become
alive again.

die Instinkte (die nur die Erinnerungen an die
Gewohnheiten seiner Vorfahren waren), die in späteren
Tagen erloschen waren und noch später in ihm wieder
auflebten.

Sometimes as he crouched there, blinking dreamily 25.1
at the flames, it seemed that the flames were of
another fire, and that as he crouched by this other
fire he saw another and different man from the half-
breed cook before him.

Manchmal, wenn er dort kauerte und verträumt in die
Flammen blinzelte, schien es, als ob die Flammen von
einem anderen Feuer stammten, und als er an diesem
anderen Feuer kauerte, sah er einen anderen Mann, der
anders war als der Halbblutkoch vor ihm.

25.2 This other man was shorter of leg and longer of arm, with muscles that were stringy and knotty rather than rounded and swelling.

Dieser andere Mann war kürzer an den Beinen und länger an den Armen, mit Muskeln, die eher strähnig und knotig waren als rund und geschwollen.

25.3 The hair of this man was long and matted,

Das Haar dieses Mannes war lang und verfilzt,

25.4 and his head slanted back under it from the eyes.

und sein Kopf neigte sich unter ihm von den Augen weg nach hinten.

25.5 He uttered strange sounds, and seemed very much afraid of the darkness, into which he peered continually, clutching in his hand, which hung midway between knee and foot, a stick with a heavy stone made fast to the end.

Er gab seltsame Laute von sich und schien sich sehr vor der Dunkelheit zu fürchten, in die er unablässig spähte, während er in seiner Hand, die in der Mitte zwischen Knie und Fuß hing, einen Stock hielt, an dessen Ende ein schwerer Stein befestigt war.

25.6 He was all but naked, a ragged and fire-scorched skin hanging part way down his back, but on his body there was much hair.

Er war fast nackt, eine zerlumpte und vom Feuer verbrannte Haut hing ihm teilweise den Rücken hinunter, aber sein Körper war stark behaart.

25.7 In some places, across the chest and shoulders and down the outside of the arms and thighs, it was matted into almost a thick fur.

An einigen Stellen, auf der Brust und den Schultern und an den Außenseiten der Arme und Oberschenkel, war es zu einem fast dicken Fell verfilzt.

He did not stand erect, but with trunk inclined forward from the hips, on legs that bent at the knees. 25.8

Er stand nicht aufrecht, sondern mit nach vorne geneigtem Rumpf, auf Beinen, die an den Knien abknickten.

About his body there was a peculiar springiness, or resiliency, almost catlike, and a quick alertness as of one who lived in perpetual fear of things seen and unseen. 25.9

Sein Körper hatte eine eigentümliche, fast katzenhafte Elastizität und eine schnelle Wachsamkeit wie bei jemandem, der in ständiger Furcht vor sichtbaren und unsichtbaren Dingen lebte.

At other times this hairy man squatted by the fire with head between his legs and slept. 26.1

Zu anderen Zeiten hockte dieser haarige Mann am Feuer, den Kopf zwischen den Beinen, und schlief.

On such occasions his elbows were on his knees, 26.2

Bei solchen Gelegenheiten stützte er die Ellbogen auf die Knie und schlug die Hände über dem Kopf zusammen,

his hands clasped above his head as though to shed rain by the hairy arms. 26.3

als wolle er mit den haarigen Armen den Regen abhalten.

And beyond that fire, in the circling darkness, Buck could see many gleaming coals, two by two, always two by two, which he knew to be the eyes of great beasts of prey. 26.4

Und jenseits des Feuers, in der kreisenden Dunkelheit, konnte Buck viele schimmernde Kohlen sehen, zwei nebeneinander, immer zwei nebeneinander, von denen er wusste, dass sie die Augen großer Raubtiere waren.

26.5 And he could hear the crashing of their bodies through the undergrowth,

Und er konnte das Krachen ihrer Körper durch das Unterholz hören und die Geräusche,

26.6 and the noises they made in the night.

die sie in der Nacht machten.

26.7 And dreaming there by the Yukon bank, with lazy eyes blinking at the fire, these sounds and sights of another world would make the hair to rise along his back and stand on end across his shoulders and up his neck, till he whimpered low and suppressedly, or growled softly, and the half-breed cook shouted at him:

Und wenn er dort am Ufer des Yukon träumte und mit trägen Augen ins Feuer blinzelte, stellten sich bei diesen Geräuschen und Anblicken einer anderen Welt die Haare auf seinem Rücken auf und stellten sich auf seinen Schultern und in seinem Nacken auf, bis er leise und unterdrückt wimmerte oder leise knurrte und der Halbblutkoch ihm zurief:

26.8 "Hey, you Buck, wake up!"

"He, du Buck, wach auf!"

26.9 Whereupon the other world would vanish and the real world come into his eyes, and he would get up and yawn and stretch as though he had been asleep.

Daraufhin verschwand die andere Welt und die wirkliche Welt kam in seine Augen, und er stand auf, gähnte und streckte sich, als hätte er geschlafen.

27.1 It was a hard trip, with the mail behind them, and the heavy work wore them down.

Es war eine harte Reise, mit der Post im Rücken, und die schwere Arbeit zermürbte sie.

They were short of weight and in poor condition when they made Dawson,

Als sie in Dawson ankamen,

27.2

and should have had a ten days' or a week's rest at least.

waren sie untergewichtig und in schlechtem Zustand und hätten sich mindestens zehn Tage oder eine Woche ausruhen müssen.

27.3

But in two days' time they dropped down the Yukon bank from the Barracks,

Aber in zwei Tagen fuhren sie von der Kaserne das Yukonufer hinunter,

27.4

loaded with letters for the outside.

beladen mit Briefen für die Außenwelt.

27.5

The dogs were tired, the drivers grumbling, and to make matters worse, it snowed every day.

Die Hunde waren müde, die Fahrer mürrisch, und zu allem Übel schneite es jeden Tag.

27.6

This meant a soft trail, greater friction on the runners, and heavier pulling for the dogs; yet the drivers were fair through it all, and did their best for the animals.

Das bedeutete eine weiche Piste, größere Reibung für die Kufen und schwereres Ziehen für die Hunde, aber die Fahrer waren fair und taten ihr Bestes für die Tiere.

27.7

Each night the dogs were attended to first.

Jede Nacht wurden die Hunde zuerst versorgt.

28.1

28.2 They ate before the drivers ate, and no man sought his sleeping-robe till he had seen to the feet of the dogs he drove.

Sie aßen, bevor die Treiber aßen, und kein Mann suchte sein Schlafgewand, bevor er sich nicht um die Füße der Hunde gekümmert hatte, die er trieb.

28.3 Still, their strength went down.

Doch ihre Kräfte ließen nach.

28.4 Since the beginning of the winter they had travelled eighteen hundred miles,

Seit Beginn des Winters hatten sie achtzehnhundert Meilen zurückgelegt und die Schlitten die ganze Strecke geschleppt,

28.5 dragging sleds the whole weary distance; and eighteen hundred miles will tell upon life of the toughest.

und achtzehnhundert Meilen sind auch für die Härtesten eine Belastung.

28.6 Buck stood it, keeping his mates up to their work and maintaining discipline, though he, too, was very tired.

Buck hielt durch, indem er seine Kameraden bei der Arbeit hielt und die Disziplin aufrecht erhielt, obwohl auch er sehr müde war.

28.7 Billee cried and whimpered regularly in his sleep each night.

Billee weinte und wimmerte regelmäßig jede Nacht im Schlaf.

28.8 Joe was sourer than ever, and Sol-leks was unapproachable, blind side or other side.

Joe war saurer als je zuvor, und Sol-leks war unnahbar, ob auf der blinden Seite oder auf der anderen Seite.

But it was Dave who suffered most of all. 29.1

Aber am meisten litt Dave.

Something had gone wrong with him. 29.2

Irgendetwas war mit ihm nicht in Ordnung.

He became more morose and irritable, and when camp was pitched at once made his nest, where his driver fed him. 29.3

Er wurde immer mürrischer und reizbarer, und als das Lager aufgeschlagen wurde, machte er sich sofort ein Nest, wo ihn sein Fahrer fütterte.

Once out of the harness and down, he did not get on his feet again till harness-up time in the morning. 29.4

Sobald er aus dem Geschirr heraus war und sich hingelegt hatte, kam er erst wieder auf die Beine, als er am Morgen wieder angeschirrt wurde.

Sometimes, in the traces, when jerked by a sudden stoppage of the sled, or by straining to start it, he would cry out with pain. 29.5

Manchmal schrie er vor Schmerz auf, wenn er durch ein plötzliches Anhalten des Schlittens oder durch die Anstrengung, ihn anzufahren, erschreckt wurde.

The driver examined him, but could find nothing. 29.6

Der Fahrer untersuchte ihn, konnte aber nichts finden.

All the drivers became interested in his case. 29.7

Alle Fahrer interessierten sich für seinen Fall.

They talked it over at meal-time, and over their last pipes before going to bed, and one night they held a consultation. 29.8

Sie besprachen ihn bei den Mahlzeiten und bei der letzten Pfeife vor dem Schlafengehen, und eines Abends hielten sie eine Beratung ab.

144

29.9 He was brought from his nest to the fire and was pressed and prodded till he cried out many times.

Man brachte ihn von seinem Nest zum Feuer und drückte und stupste ihn, bis er mehrmals schrie.

29.10 Something was wrong inside, but they could locate no broken bones, could not make it out.

Irgendetwas stimmte nicht in seinem Inneren, aber sie konnten keine gebrochenen Knochen entdecken, konnten es nicht ausmachen.

30.1 By the time Cassiar Bar was reached, he was so weak that he was falling repeatedly in the traces.

Als Cassiar Bar erreicht war, war er so geschwächt, dass er immer wieder in die Spuren geriet.

30.2 The Scotch half-breed called a halt and took him out of the team, making the next dog, Sol-leks, fast to the sled.

Der schottische Halbblüter hielt an, nahm ihn aus dem Gespann und ließ den nächsten Hund, Sol-leks, am Schlitten festmachen.

30.3 His intention was to rest Dave,

Seine Absicht war es,

30.4 letting him run free behind the sled.

Dave auszuruhen und ihn hinter dem Schlitten frei laufen zu lassen.

Sick as he was, Dave resented being taken out, grunting and growling while the traces were unfastened, and whimpering broken-heartedly when he saw Sol-leks in the position he had held and served so long.

30.5

Dave, der krank war, wehrte sich dagegen, herausgenommen zu werden; Er grunzte und knurrte, als die Fährte gelöst wurde, und winselte mit gebrochenem Herzen, als er Sol-leks in der Position sah, die er so lange gehalten und bedient hatte.

For the pride of trace and trail was his, and, sick unto death, he could not bear that another dog should do his work.

30.6

Denn der Stolz auf Spur und Fährte war sein, und er konnte es nicht ertragen, dass ein anderer Hund seine Arbeit machen sollte.

When the sled started, he floundered in the soft snow alongside the beaten trail, attacking Sol-leks with his teeth, rushing against him and trying to thrust him off into the soft snow on the other side, striving to leap inside his traces and get between him and the sled, and all the while whining and yelping and crying with grief and pain.

31.1

Als der Schlitten losfuhr, taumelte er im weichen Schnee neben dem Trampelpfad, griff Sol-leks mit den Zähnen an, stürzte sich auf ihn und versuchte, ihn in den weichen Schnee auf der anderen Seite zu stoßen, versuchte, in seine Spuren zu springen und zwischen ihn und den Schlitten zu gelangen, und winselte und kläffte und schrie die ganze Zeit vor Kummer und Schmerz.

31.2 The half-breed tried to drive him away with the whip; but he paid no heed to the stinging lash, and the man had not the heart to strike harder.

Das Halbblut versuchte, ihn mit der Peitsche zu vertreiben, aber er achtete nicht auf die brennende Peitsche, und der Mann brachte es nicht übers Herz, härter zuzuschlagen.

31.3 Dave refused to run quietly on the trail behind the sled, where the going was easy, but continued to flounder alongside in the soft snow, where the going was most difficult, till exhausted.

Dave weigerte sich, ruhig auf der Spur hinter dem Schlitten zu laufen, wo es leicht ging, sondern stapfte weiter durch den weichen Schnee, wo es am schwierigsten war, bis er erschöpft war.

31.4 Then he fell, and lay where he fell, howling lugubriously as the long train of sleds churned by.

Dann stürzte er und blieb liegen, während der lange Schlittenzug vorbeirauschte und heulte.

32.1 With the last remnant of his strength he managed to stagger along behind till the train made another stop, when he floundered past the sleds to his own, where he stood alongside Sol-leks.

Mit dem letzten Rest seiner Kraft schaffte er es, hinterher zu torkeln, bis der Zug erneut anhielt, und schlängelte sich dann an den Schlitten vorbei zu seinem eigenen, wo er neben Sol-leks stand.

32.2 His driver lingered a moment to get a light for his pipe from the man behind.

Sein Fahrer verweilte einen Moment, um von dem Hintermann Feuer für seine Pfeife zu bekommen.

32.3 Then he returned and started his dogs.

Dann kehrte er zurück und startete seine Hunde.

They swung out on the trail with remarkable lack of exertion, turned their heads uneasily, and stopped in surprise.   32.4

Sie schwangen sich mit bemerkenswerter Unbekümmertheit auf den Weg, drehten unruhig den Kopf und blieben überrascht stehen.

The driver was surprised, too;   32.5

Auch der Fahrer war überrascht;

the sled had not moved.   32.6

der Schlitten hatte sich nicht bewegt.

He called his comrades to witness the sight.   32.7

Er rief seine Kameraden herbei, um sich den Anblick anzusehen.

Dave had bitten through both of Sol-leks's traces, and was standing directly in front of the sled in his proper place.   32.8

Dave hatte sich durch die beiden Spuren von Sol-leks gebissen und stand nun direkt vor dem Schlitten an seinem Platz.

He pleaded with his eyes to remain there.   33.1

Er flehte mit seinen Augen, dort zu bleiben.

The driver was perplexed.   33.2

Der Fahrer war perplex.

33.3 His comrades talked of how a dog could break its heart through being denied the work that killed it, and recalled instances they had known, where dogs, too old for the toil, or injured, had died because they were cut out of the traces.

Seine Kameraden sprachen davon, dass es einem Hund das Herz brechen kann, wenn man ihm die Arbeit verweigert, die ihn tötet, und erinnerten sich an Fälle, die sie kannten, in denen Hunde, die zu alt für die Arbeit oder verletzt waren, gestorben waren, weil sie aus den Spuren herausgeschnitten wurden.

33.4 Also, they held it a mercy, since Dave was to die anyway, that he should die in the traces, heart-easy and content.

Da Dave ohnehin sterben musste, hielten sie es für eine Gnade, dass er in den Spuren sterben sollte, herzlos und zufrieden.

33.5 So he was harnessed in again, and proudly he pulled as of old, though more than once he cried out involuntarily from the bite of his inward hurt.

So wurde er wieder angeschirrt, und stolz zog er wie früher, obwohl er mehr als einmal unwillkürlich schrie, weil er sich innerlich weh tat.

33.6 Several times he fell down and was dragged in the traces, and once the sled ran upon him so that he limped thereafter in one of his hind legs.

Mehrmals fiel er hin und wurde in den Schienen mitgeschleift, und einmal lief der Schlitten auf ihn, so dass er danach mit einem seiner Hinterbeine hinkte.

34.1 But he held out till camp was reached, when his driver made a place for him by the fire.

Aber er hielt durch, bis das Lager erreicht war, wo sein Fahrer ihm einen Platz am Feuer zuwies.

Morning found him too weak to travel.   34.2

Am Morgen war er zu schwach, um weiterzureisen.

At harness-up time he tried to crawl to his driver.   34.3

Als er angeschirrt wurde, versuchte er, zu seinem Treiber
zu kriechen.

**By convulsive efforts he got on his feet, staggered,
and fell.**   34.4

Mit krampfhafter Anstrengung kam er auf die Beine,
taumelte und fiel hin.

**Then he wormed his way forward slowly toward
where the harnesses were being put on his mates.**   34.5

Dann schlängelte er sich langsam vorwärts in Richtung
der Stelle, an der seinen Kameraden die Geschirre angelegt
wurden.

**He would advance his fore legs and drag up his body
with a sort of hitching movement,**   34.6

Er schob die Vorderbeine vor und zog seinen Körper mit
einer Art Hitching-Bewegung nach oben,

**when he would advance his fore legs and hitch ahead
again for a few more inches.**   34.7

dann schob er die Vorderbeine vor und spannte sich wieder
ein paar Zentimeter vor.

**His strength left him, and the last his mates saw of
him he lay gasping in the snow and yearning toward
them.**   34.8

Seine Kräfte verließen ihn, und das letzte, was seine
Artgenossen von ihm sahen, war, dass er keuchend im
Schnee lag und sich nach ihnen sehnte.

34.9 But they could hear him mournfully howling till they passed out of sight behind a belt of river timber.

Aber sie konnten sein klägliches Heulen hören, bis sie hinter einem Gürtel aus Flussholz außer Sichtweite waren.

35.1 Here the train was halted.

Hier wurde der Zug angehalten.

35.2 The Scotch half-breed slowly retraced his steps to the camp they had left.

Das schottische Halbblut ging langsam zu dem Lager zurück, das sie verlassen hatten.

35.3 The men ceased talking. A revolver-shot rang out.

Die Männer hörten auf zu reden. Ein Revolverschuss ertönte.

35.4 The man came back hurriedly.

Der Mann kam eilig zurück.

35.5 The whips snapped, the bells tinkled merrily, the sleds churned along the trail; but Buck knew, and every dog knew, what had taken place behind the belt of river trees.

Die Peitschen knallten, die Glocken bimmelten fröhlich, die Schlitten fuhren den Weg entlang, aber Buck und jeder Hund wusste, was sich hinter dem Gürtel der Flussbäume abgespielt hatte.

Chapter V. The Toil of Trace and Trail

Kapitel V. Die Mühsal von Spur und Weg

1.1 Thirty days from the time it left Dawson, the Salt Water Mail, with Buck and his mates at the fore, arrived at Skaguay.

Dreißig Tage, nachdem sie Dawson verlassen hatte, erreichte die Salt Water Mail mit Buck und seinen Kameraden an der Spitze Skaguay.

1.2 They were in a wretched state,

Sie waren in einem erbärmlichen Zustand,

1.3 worn out and worn down.

erschöpft und abgekämpft.

1.4 Buck's one hundred and forty pounds had dwindled to one hundred and fifteen.

Bucks Gewicht von einhundertvierzig Pfund war auf einhundertfünfzehn geschrumpft.

1.5 The rest of his mates, though lighter dogs, had relatively lost more weight than he.

Die anderen Kameraden, obwohl leichtere Hunde, hatten verhältnismäßig mehr Gewicht verloren als er.

Pike, the malingerer, who, in his lifetime of deceit, had often successfully feigned a hurt leg, was now limping in earnest.

1.6

Pike, der Simulant, der in seinem Leben der Täuschung oft erfolgreich ein verletztes Bein vorgetäuscht hatte, hinkte jetzt ernsthaft.

Sol-leks was limping,

1.7

Sol-leks hinkte,

and Dub was suffering from a wrenched shoulder-blade.

1.8

und Dub litt unter einem verrenkten Schulterblatt.

They were all terribly footsore.

2.1

Sie waren alle furchtbar kaputt.

No spring or rebound was left in them.

2.2

Sie hatten keine Feder und keinen Schwung mehr in sich.

Their feet fell heavily on the trail,

2.3

Ihre Füße fielen schwer auf den Weg,

jarring their bodies and doubling the fatigue of a day's travel.

2.4

rüttelten an ihren Körpern und verdoppelten die Müdigkeit des Tagesweges.

There was nothing the matter with them except that they were dead tired.

2.5

Es war nichts mit ihnen los, außer dass sie todmüde waren.

2.6 **It was not the dead-tiredness that comes through brief and excessive effort, from which recovery is a matter of hours; but it was the dead-tiredness that comes through the slow and prolonged strength drainage of months of toil.**

Es war nicht die tote Müdigkeit, die durch eine kurze und übermäßige Anstrengung entsteht, von der man sich innerhalb von Stunden erholt, sondern es war die tote Müdigkeit, die durch den langsamen und lang anhaltenden Kräfteverschleiß monatelanger Arbeit entsteht.

2.7 **There was no power of recuperation left, no reserve strength to call upon.**

Es gab keine Erholungskraft mehr, keine Reservekraft, auf die man zurückgreifen konnte.

2.8 **It had been all used, the last least bit of it.**

Es war alles aufgebraucht, auch das letzte bisschen davon.

2.9 **Every muscle, every fibre, every cell, was tired, dead tired.**

Jeder Muskel, jede Faser, jede Zelle, war müde, todmüde.

2.10 **And there was reason for it.**

Und es gab einen Grund dafür.

2.11 **In less than five months they had travelled twenty-five hundred miles,**

In weniger als fünf Monaten hatten sie fünfundzwanzighundert Meilen zurückgelegt,

2.12 **during the last eighteen hundred of which they had had but five days' rest.**

von denen sie in den letzten achtzehnhundert Tagen nur fünf Tage Pause gemacht hatten.

When they arrived at Skaguay they were apparently on their last legs. 2.13

Als sie in Skaguay ankamen, waren sie offensichtlich am Ende ihrer Kräfte.

They could barely keep the traces taut, 2.14

Sie konnten die Spuren kaum noch straff halten und schafften es gerade noch,

and on the down grades just managed to keep out of the way of the sled. 2.15

bei den Abfahrten dem Schlitten auszuweichen.

"Mush on, poor sore feets," 3.1

"Los, ihr armen Schlucker,"

the driver encouraged them as they tottered down the main street of Skaguay. 3.2

ermunterte der Kutscher sie, als sie die Hauptstraße von Skaguay hinuntertorkelten.

"Dis is de las'. Den we get one long res'. 3.3

"Dis is de las'. Dann haben wir eine lange Pause.

Eh? For sure. One bully long res'." 3.4

Nicht wahr? Ganz sicher. Eine lange Pause."

The drivers confidently expected a long stopover. 4.1

Die Fahrer erwarteten zuversichtlich einen langen Zwischenstopp.

4.2 Themselves, they had covered twelve hundred miles with two days' rest, and in the nature of reason and common justice they deserved an interval of loafing.

Sie selbst hatten zwölfhundert Meilen mit einer Ruhezeit von zwei Tagen zurückgelegt, und nach dem Grundsatz der Vernunft und der allgemeinen Gerechtigkeit hatten sie sich eine Pause zum Ausruhen verdient.

4.3 But so many were the men who had rushed into the Klondike, and so many were the sweethearts, wives, and kin that had not rushed in, that the congested mail was taking on Alpine proportions;

Aber es waren so viele Männer, die zum Klondike geeilt waren, und so viele Liebhaber, Ehefrauen und Verwandte, die nicht geeilt waren, dass der Poststau alpine Ausmaße annahm;

4.4 also, there were official orders.

außerdem gab es offizielle Anordnungen.

4.5 Fresh batches of Hudson Bay dogs were to take the places of those worthless for the trail.

Neue Hudson-Bay-Hunde sollten die Plätze derer einnehmen, die für den Trail wertlos waren.

4.6 The worthless ones were to be got rid of, and, since dogs count for little against dollars, they were to be sold.

Die wertlosen Hunde sollten entsorgt werden, und da Hunde im Vergleich zu Dollars wenig wert sind, sollten sie verkauft werden.

5.1 Three days passed, by which time Buck and his mates found how really tired and weak they were.

Es vergingen drei Tage, an denen Buck und seine Kameraden feststellten, wie müde und schwach sie eigentlich waren.

Then, on the morning of the fourth day, two men from the States came along and bought them, harness and all, for a song.

5.2

Am Morgen des vierten Tages kamen zwei Männer aus den Staaten vorbei und kauften sie mitsamt ihrem Geschirr für einen Spottpreis.

The men addressed each other as "Hal" and "Charles."

5.3

Die Männer sprachen sich gegenseitig mit "Hal" und "Charles" an. "

Charles was a middle-aged, lightish-colored man, with weak and watery eyes and a mustache that twisted fiercely and vigorously up, giving the lie to the limply drooping lip it concealed.

5.4

Charles war ein Mann mittleren Alters, von heller Hautfarbe, mit schwachen, wässrigen Augen und einem Schnurrbart, der sich heftig und energisch nach oben wölbte und die schlaff herabhängende Lippe, die er verbarg, Lügen strafte.

Hal was a youngster of nineteen or twenty, with a big Colt's revolver and a hunting-knife strapped about him on a belt that fairly bristled with cartridges.

5.5

Hal war ein junger Mann von neunzehn oder zwanzig Jahren, der einen großen Colt-Revolver und ein Jagdmesser an einem Gürtel trug, der vor Patronen nur so strotzte.

This belt was the most salient thing about him.

5.6

Dieser Gürtel war das Auffälligste an ihm.

It advertised his callowness -

5.7

Er zeugte von seiner Armseligkeit -

a callowness sheer and unutterable.

5.8

einer Armseligkeit, die unsagbar ist.

5.9 **Both men were manifestly out of place, and why such as they should adventure the North is part of the mystery of things that passes understanding.**

Beide Männer waren offenkundig fehl am Platz, und warum solche wie sie sich in den Norden wagen sollten, ist Teil des Geheimnisses der Dinge, das sich dem Verständnis entzieht.

6.1 **Buck heard the chaffering, saw the money pass between the man and the Government agent, and knew that the Scotch half-breed and the mail-train drivers were passing out of his life on the heels of Perrault and François and the others who had gone before.**

Buck hörte das Gerede, sah, wie das Geld zwischen dem Mann und dem Regierungsagenten hin - und hergeschoben wurde, und wusste, dass das schottische Halbblut und die Postkutscher auf den Fersen von Perrault und François und den anderen, die vor ihm gegangen waren, aus seinem Leben schieden.

6.2 **When driven with his mates to the new owners' camp, Buck saw a slipshod and slovenly affair, tent half stretched, dishes unwashed, everything in disorder;**

Als er mit seinen Kumpels zum Lager der neuen Besitzer fuhr, sah Buck eine schlampige und schlampige Angelegenheit, das Zelt halb aufgespannt, das Geschirr ungewaschen, alles in Unordnung;

6.3 **also, he saw a woman. "Mercedes"**

außerdem sah er eine Frau. "Mercedes"

6.4 **the men called her.**

nannten die Männer sie.

6.5 **She was Charles's wife and Hal's sister -**

Sie war die Frau von Charles und die Schwester von Hal -

a nice family party. 6.6

eine nette Familienfeier.

Buck watched them apprehensively as they 7.1
proceeded to take down the tent and load the sled.

Buck beobachtete sie besorgt, als sie das Zelt abbauten und
den Schlitten beluden.

There was a great deal of effort about their manner, 7.2

Sie taten dies mit großer Anstrengung,

but no businesslike method. 7.3

aber nicht mit einer geschäftsmäßigen Methode.

The tent was rolled into an awkward bundle three 7.4
times as large as it should have been.

Das Zelt wurde zu einem unhandlichen Bündel
zusammengerollt, das dreimal so groß war, wie es hätte
sein müssen.

The tin dishes were packed away unwashed. 7.5

Das Blechgeschirr war ungewaschen eingepackt.

Mercedes continually fluttered in the way of her men 7.6
and kept up an unbroken chattering of remonstrance
and advice.

Mercedes flatterte ihren Männern ständig in die Quere
und plapperte ununterbrochen mit Vorwürfen und
Ratschlägen.

When they put a clothes-sack on the front of the sled, 7.7
she suggested it should go on the back;

Als sie einen Kleidersack auf die Vorderseite des Schlittens
legten, schlug sie vor, ihn auf die Rückseite zu legen;

7.8 and when they had put it on the back, and covered it over with a couple of other bundles, she discovered overlooked articles which could abide nowhere else but in that very sack, and they unloaded again.

und als sie ihn auf die Rückseite gelegt und mit ein paar anderen Bündeln bedeckt hatten, entdeckte sie übersehene Gegenstände, die nirgendwo anders als in eben diesem Sack bleiben konnten, und sie luden wieder ab.

8.1 Three men from a neighboring tent came out and looked on,

Drei Männer aus einem benachbarten Zelt kamen heraus und schauten zu,

8.2 grinning and winking at one another.

grinsten und zwinkerten sich zu.

9.1 "You've got a right smart load as it is," said one of them;

"Du hast schon eine ganz schöne Ladung," sagte einer von ihnen,

9.2 "and it's not me should tell you your business, but I wouldn't tote that tent along if I was you."

"und es steht mir nicht zu, dir zu sagen, was du zu tun hast, aber ich würde das Zelt nicht mitschleppen, wenn ich du wäre."

10.1 "Undreamed of!"

"Ungeahnt!"

10.2 cried Mercedes, throwing up her hands in dainty dismay.

rief Mercedes und warf ihre Hände in zierlicher Bestürzung hoch.

"However in the world could I manage without a
tent?"

10.3

"Wie um alles in der Welt könnte ich nur ohne Zelt
auskommen?"

"It's springtime, and you won't get any more cold
weather,"

11.1

"Es ist Frühling, und es wird nicht mehr kalt werden,"

the man replied.

11.2

antwortete der Mann.

She shook her head decidedly,

12.1

Sie schüttelte entschlossen den Kopf,

and Charles and Hal put the last odds and ends on top
the mountainous load.

12.2

und Charles und Hal legten die letzten Reste auf die bergige
Ladung.

"Think it'll ride?" one of the men asked.

13.1

"Glaubst du, es wird fahren?" fragte einer der Männer.

"Why shouldn't it?" Charles demanded rather
shortly.

14.1

"Warum sollte es nicht?" fragte Charles ziemlich kurz.

"Oh, that's all right, that's all right,"

15.1

"Oh, das ist schon in Ordnung,"

the man hastened meekly to say.

15.2

beeilte sich der Mann kleinlaut zu sagen.

"I was just a-wonderin,' that is all.

15.3

"Ich habe mich nur gewundert, das ist alles.

15.4 It seemed a mite top- heavy."

Es schien ein bisschen kopflastig zu sein."

16.1 Charles turned his back and drew the lashings down as well as he could,

Charles drehte sich um und zog die Zurrgurte so gut es ging nach unten,

16.2 which was not in the least well.

was nicht im Geringsten gut war.

17.1 "An' of course the dogs can hike along all day with that contraption behind them,"

"Und natürlich können die Hunde den ganzen Tag mit dieser Vorrichtung hinter sich herziehen,"

17.2 affirmed a second of the men.

bekräftigte ein zweiter der Männer.

18.1 "Certainly,"

"Gewiss,"

18.2 said Hal, with freezing politeness, taking hold of the gee-pole with one hand and swinging his whip from the other.

sagte Hal mit eisiger Höflichkeit, ergriff mit der einen Hand den Pfahl und schwang mit der anderen die Peitsche.

18.3 "Mush!" he shouted. "Mush on there!"

"Mush!" rief er. "Mush on there!"

19.1 The dogs sprang against the breast-bands, strained hard for a few moments, then relaxed.

Die Hunde sprangen gegen die Brustbänder, spannten sich einige Augenblicke lang an und entspannten sich dann.

They were unable to move the sled.   19.2
Sie waren nicht in der Lage, den Schlitten zu bewegen.

"The lazy brutes, I'll show them,"   20.1
"Den faulen Säcken werde ich es zeigen,"

he cried,   20.2
rief er und machte sich bereit,

preparing to lash out at them with the whip.   20.3
mit der Peitsche nach ihnen zu schlagen.

But Mercedes interfered, crying: 21.1
Aber Mercedes mischte sich ein und rief:

"Oh, Hal, you mustn't,"   21.2
"Oh, Hal, das darfst du nicht,"

as she caught hold of the whip and wrenched it from   21.3
him.
während sie die Peitsche ergriff und sie ihm entriss.

"The poor dears!   21.4
"Die armen Kerle!

Now you must promise you won't be harsh with them   21.5
for the rest of the trip, or I won't go a step."
Versprich mir, dass du für den Rest der Reise nicht mehr
so hart mit ihnen umgehst, sonst gehe ich keinen Schritt
mehr weiter."

"Precious lot you know about dogs," her brother   22.1
sneered;
"Du weißt sehr viel über Hunde," spottete ihr Bruder,

22.2 "and I wish you'd leave me alone.

"und ich wünschte, du würdest mich in Ruhe lassen.

22.3 They're lazy, I tell you, and you've got to whip them to get anything out of them.

Sie sind faul, sage ich dir, und man muss sie auspeitschen, um etwas aus ihnen herauszubekommen.

22.4 That's their way. You ask any one.

Das ist ihre Art. Du kannst jeden fragen.

22.5 Ask one of those men."

Frag einen von diesen Männern."

23.1 Mercedes looked at them imploringly,

Mercedes schaute sie flehend an,

23.2 untold repugnance at sight of pain written in her pretty face.

unsagbare Abscheu vor dem Schmerz stand in ihrem hübschen Gesicht geschrieben.

24.1 "They're weak as water, if you want to know,"

"Sie sind schwach wie Wasser, wenn du es wissen willst,"

24.2 came the reply from one of the men. "Plum tuckered out,

antwortete einer der Männer. "Sie sind völlig erschöpft,

24.3 that's what's the matter. They need a rest."

das ist das Problem. Sie brauchen eine Pause."

25.1 "Rest be blanked,"

"Ruhe in Frieden,"

said Hal, with his beardless lips; and Mercedes said: 25.2

sagte Hal mit seinen bartlosen Lippen, und Mercedes sagte:

"Oh!" in pain and sorrow at the oath.   25.3

"Oh!" in Schmerz und Trauer über den Schwur.

But she was a clannish creature, and rushed at once   26.1
to the defence of her brother.

Aber sie war ein klammheimliches Wesen und eilte sofort
zur Verteidigung ihres Bruders.

"Never mind that man,"   26.2

"Kümmere dich nicht um diesen Mann,"

she said pointedly.   26.3

sagte sie mit Nachdruck.

"You're driving our dogs, and you do what you think   26.4
best with them."

"Du fährst unsere Hunde, und du machst mit ihnen, was du
für richtig hältst."

Again Hal's whip fell upon the dogs.   27.1

Wieder fiel Hal's Peitsche auf die Hunde.

They threw themselves against the breast-bands, dug   27.2
their feet into the packed snow, got down low to it,
and put forth all their strength.

Sie warfen sich gegen die Brustbänder, gruben sich mit
den Füßen in den festen Schnee, setzten sich tief auf den
Schlitten und setzten ihre ganze Kraft ein.

The sled held as though it were an anchor.   27.3

Der Schlitten hielt, als wäre er ein Anker.

After two efforts, they stood still, panting.   27.4

Nach zwei Versuchen standen sie keuchend still.

27.5 **The whip was whistling savagely,**
Die Peitsche pfiff wie wild,

27.6 **when once more Mercedes interfered.**
als Mercedes sich wieder einmischte.

27.7 **She dropped on her knees before Buck, with tears in her eyes, and put her arms around his neck.**
Mit Tränen in den Augen fiel sie vor Buck auf die Knie und legte ihre Arme um seinen Hals.

28.1 **"You poor, poor dears," she cried sympathetically,**
"Ihr armen, armen Kerle," rief sie mitfühlend,

28.2 **"why don't you pull hard?**
"warum zieht ihr nicht kräftig?

28.3 **— then you wouldn't be whipped."**
— dann würdet ihr nicht ausgepeitscht werden."

28.4 **Buck did not like her, but he was feeling too miserable to resist her, taking it as part of the day's miserable work.**
Buck mochte sie nicht, aber er fühlte sich zu elend, um ihr zu widerstehen, und betrachtete es als Teil der elenden Arbeit des Tages.

29.1 **One of the onlookers, who had been clenching his teeth to suppress hot speech, now spoke up:-**
Einer der Schaulustigen, der die Zähne zusammengebissen hatte, um eine hitzige Rede zu unterdrücken, ergriff nun das Wort:-

"It's not that I care a whoop what becomes of you, but for the dogs' sakes I just want to tell you, you can help them a mighty lot by breaking out that sled. 30.1

"Nicht, dass es mich einen Dreck kümmert, was aus dir wird, aber um der Hunde willen möchte ich dir sagen, dass du ihnen sehr helfen kannst, wenn du den Schlitten auspackst.

The runners are froze fast. 30.2

Die Kufen sind schnell erfroren.

Throw your weight against the gee-pole, right and left, and break it out." 30.3

Wirf dein Gewicht gegen die Stange, rechts und links, und brich ihn aus."

A third time the attempt was made, but this time, following the advice, Hal broke out the runners which had been frozen to the snow. 31.1

Ein drittes Mal wurde der Versuch unternommen, aber diesmal befolgte Hal den Rat, die Kufen, die am Schnee festgefroren waren, zu entfernen.

The overloaded and unwieldy sled forged ahead, 31.2

Der überladene und unhandliche Schlitten preschte vorwärts,

Buck and his mates struggling frantically under the rain of blows. 31.3

während Buck und seine Kameraden verzweifelt unter dem Regen von Schlägen kämpften.

A hundred yards ahead the path turned and sloped steeply into the main street. 31.4

Hundert Meter weiter machte der Weg eine Biegung und ging steil in die Hauptstraße über.

31.5 It would have required an experienced man to keep the top-heavy sled upright, and Hal was not such a man.

Es hätte eines erfahrenen Mannes bedurft, um den kopflastigen Schlitten aufrecht zu halten, und Hal war nicht so ein Mann.

31.6 As they swung on the turn the sled went over, spilling half its load through the loose lashings.

Als sie um die Kurve fuhren, kippte der Schlitten um, und die Hälfte der Ladung wurde durch die losen Zurrgurte verschüttet.

31.7 The dogs never stopped.

Die Hunde blieben nicht stehen.

31.8 The lightened sled bounded on its side behind them.

Der erleichterte Schlitten hüpfte auf der Seite hinter ihnen her.

31.9 They were angry because of the ill treatment they had received and the unjust load.

Sie waren wütend wegen der schlechten Behandlung, die sie erfahren hatten, und wegen der ungerechten Ladung.

31.10 Buck was raging. He broke into a run,

Buck war wütend. Er begann zu rennen,

31.11 the team following his lead. Hal cried "Whoa! whoa!"

und das Gespann folgte seinem Beispiel. Hal rief "Halt! Halt!"

31.12 but they gave no heed.

aber sie beachteten ihn nicht.

31.13 He tripped and was pulled off his feet.

Er stolperte und wurde von den Füßen gerissen.

The capsized sled ground over him, and the dogs
dashed on up the street, adding to the gayety of
Skaguay as they scattered the remainder of the outfit
along its chief thoroughfare.

31.14

Der gekenterte Schlitten überrollte ihn, und die Hunde
rannten weiter die Straße hinauf und trugen zur
ausgelassenen Stimmung in Skaguay bei, während sie
den Rest der Truppe über die Hauptstraße verstreuten.

Kind-hearted citizens caught the dogs and gathered
up the scattered belongings.

32.1

Gutherzige Bürger fingen die Hunde ein und sammelten die
verstreuten Habseligkeiten ein.

Also, they gave advice.

32.2

Außerdem gaben sie Ratschläge.

Half the load and twice the dogs, if they ever expected
to reach Dawson, was what was said.

32.3

Die Hälfte der Ladung und die doppelte Anzahl von
Hunden, wenn sie jemals Dawson erreichen wollten,
lautete der Rat.

Hal and his sister and brother-in-law listened
unwillingly, pitched tent, and overhauled the outfit.

32.4

Hal und seine Schwester und sein Schwager hörten nur
widerwillig zu, schlugen ihr Zelt auf und überholten die
Ausrüstung.

Canned goods were turned out that made men laugh,
for canned goods on the Long Trail is a thing to
dream about.

32.5

Es wurden Konserven ausgegeben, die die Männer zum
Lachen brachten, denn von Konserven auf dem Long Trail
kann man nur träumen.

32.6 "Blankets for a hotel"
"Decken für ein Hotel,"

32.7 quoth one of the men who laughed and helped.
sagte einer der Männer, die lachten und halfen.

32.8 "Half as many is too much; get rid of them.
"Die Hälfte davon ist zu viel; wirf sie weg.

32.9 Throw away that tent, and all those dishes, — who's going to wash them, anyway?
Schmeißt das Zelt weg und das ganze Geschirr, wer soll das denn abwaschen?

32.10 Good Lord, do you think you're travelling on a Pullman?"
Mein Gott, glaubt ihr, ihr reist in einem Pullman?"

33.1 And so it went,
Und so ging es weiter,

33.2 the inexorable elimination of the superfluous.
das unerbittliche Ausmisten des Überflüssigen.

33.3 Mercedes cried when her clothes-bags were dumped on the ground and article after article was thrown out.
Mercedes weinte, als ihre Wäschesäcke auf den Boden gekippt wurden und ein Gegenstand nach dem anderen weggeschmissen wurde.

33.4 She cried in general,
Sie weinte im Allgemeinen,

33.5 and she cried in particular over each discarded thing.
und sie weinte im Besonderen über jedes weggeworfene Ding.

She clasped hands about knees, rocking back and forth broken-heartedly. 33.6

Sie schlug die Hände um die Knie und wippte mit gebrochenem Herzen hin und her.

She averred she would not go an inch, not for a dozen Charleses. 33.7

Sie beteuerte, dass sie keinen Zentimeter weitergehen würde, nicht für ein Dutzend Charleses.

She appealed to everybody and to everything, finally wiping her eyes and proceeding to cast out even articles of apparel that were imperative necessaries. 33.8

Sie appellierte an alle und alles, wischte sich schließlich die Augen und warf sogar Kleidungsstücke weg, die sie unbedingt brauchte.

And in her zeal, when she had finished with her own, she attacked the belongings of her men and went through them like a tornado. 33.9

Und in ihrem Eifer, als sie mit den eigenen Sachen fertig war, griff sie die Habseligkeiten ihrer Männer an und durchwühlte sie wie ein Tornado.

This accomplished, the outfit, though cut in half, was still a formidable bulk. 34.1

Damit war die Ausrüstung zwar halbiert, aber immer noch ein beachtlicher Haufen.

Charles and Hal went out in the evening and bought six Outside dogs. 34.2

Charles und Hal gingen am Abend los und kauften sechs Outside-Hunde.

34.3 These, added to the six of the original team, and Teek and Koona, the huskies obtained at the Rink Rapids on the record trip, brought the team up to fourteen.

Mit diesen, die zu den sechs Hunden des ursprünglichen Teams hinzukamen, und Teek und Koona, den Huskys, die sie auf der Rekordfahrt in den Rink Rapids erworben hatten, war das Team auf vierzehn Hunde angewachsen.

34.4 But the Outside dogs, though practically broken in since their landing, did not amount to much.

Aber die Hunde von Outside waren, obwohl sie seit ihrer Landung praktisch eingeritten waren, nicht sehr zahlreich.

34.5 Three were short-haired pointers, one was a Newfoundland, and the other two were mongrels of indeterminate breed.

Drei waren kurzhaarige Vorstehhunde, einer war ein Neufundländer, und die beiden anderen waren Mischlinge unbestimmter Rasse.

34.6 They did not seem to know anything, these newcomers.

Sie schienen nichts zu wissen, diese Neuankömmlinge.

34.7 Buck and his comrades looked upon them with disgust, and though he speedily taught them their places and what not to do, he could not teach them what to do.

Buck und seine Kameraden sahen sie mit Abscheu an, und obwohl er ihnen schnell beibrachte, wo sie hingehören und was sie nicht tun sollten, konnte er ihnen nicht beibringen, was sie tun sollten.

34.8 They did not take kindly to trace and trail.

Sie ließen sich nicht gerne auf Spuren und Fährten ein.

With the exception of the two mongrels, they were bewildered and spirit-broken by the strange savage environment in which they found themselves and by the ill treatment they had received.   34.9

Mit Ausnahme der beiden Mischlinge waren sie durch die fremde, wilde Umgebung, in der sie sich befanden, und durch die schlechte Behandlung, die sie erfahren hatten, verwirrt und geistig gebrochen.

The two mongrels were without spirit at all;   34.10

Die beiden Mischlinge waren völlig geistlos;

bones were the only things breakable about them.   34.11

das einzige, was an ihnen zerbrechlich war, waren die Knochen.

With the newcomers hopeless and forlorn, and the old team worn out by twenty-five hundred miles of continuous trail, the outlook was anything but bright.   35.1

Da die Neuankömmlinge hoffnungslos und verlassen waren und das alte Gespann durch fünfundzwanzig Meilen ununterbrochenen Trails abgenutzt war, waren die Aussichten alles andere als rosig.

The two men, however, were quite cheerful.   35.2

Die beiden Männer waren jedoch recht fröhlich.

And they were proud, too.   35.3

Und stolz waren sie auch.

They were doing the thing in style, with fourteen dogs.   35.4

Mit ihren vierzehn Hunden hatten sie die Sache mit Stil gemacht.

35.5 They had seen other sleds depart over the Pass for Dawson, or come in from Dawson, but never had they seen a sled with so many as fourteen dogs.

Sie hatten schon andere Schlitten gesehen, die über den Pass nach Dawson fuhren oder aus Dawson kamen, aber noch nie einen Schlitten mit so vielen Hunden wie vierzehn.

35.6 In the nature of Arctic travel there was a reason why fourteen dogs should not drag one sled, and that was that one sled could not carry the food for fourteen dogs.

Es lag in der Natur der arktischen Reise, dass vierzehn Hunde nicht einen Schlitten ziehen konnten, und zwar deshalb, weil ein Schlitten nicht das Futter für vierzehn Hunde transportieren konnte.

35.7 But Charles and Hal did not know this.

Aber Charles und Hal wussten das nicht.

35.8 They had worked the trip out with a pencil, so much to a dog, so many dogs, so many days, Q.E.D. Mercedes looked over their shoulders and nodded comprehensively, it was all so very simple.

Sie hatten die Reise mit einem Bleistift durchgerechnet, so viel für einen Hund, so viele Hunde, so viele Tage, Q.E.D. Mercedes schaute ihnen über die Schultern und nickte verständnisvoll, es war alles so einfach.

36.1 Late next morning Buck led the long team up the street.

Am nächsten Morgen führte Buck das lange Gespann die Straße hinauf.

36.2 There was nothing lively about it,

Es war nichts Lebendiges dabei,

no snap or go in him and his fellows.

36.3

kein Schwung oder Elan in ihm und seinen Kameraden.

They were starting dead weary.

36.4

Sie waren schon todmüde.

Four times he had covered the distance between Salt Water and Dawson, and the knowledge that, jaded and tired, he was facing the same trail once more, made him bitter.

36.5

Viermal hatte er die Strecke zwischen Salt Water und Dawson zurückgelegt, und das Wissen, dass er, müde und erschöpft, denselben Weg noch einmal vor sich hatte, machte ihn bitter.

His heart was not in the work,

36.6

Sein Herz war nicht bei der Sache,

nor was the heart of any dog.

36.7

und das Herz eines jeden Hundes war es auch nicht.

The Outsides were timid and frightened,

36.8

Die Outsides waren furchtsam und ängstlich,

the Insides without confidence in their masters.

36.9

die Insides hatten kein Vertrauen in ihre Herrchen.

Buck felt vaguely that there was no depending upon these two men and the woman.

37.1

Buck hatte das vage Gefühl, dass man sich nicht auf diese beiden Männer und die Frau verlassen konnte.

They did not know how to do anything, and as the days went by it became apparent that they could not learn.

37.2

Sie wussten nicht, wie sie etwas tun sollten, und im Laufe der Tage wurde deutlich, dass sie es nicht lernen konnten.

37.3 **They were slack in all things,**

Sie waren in allen Dingen nachlässig,

37.4 **without order or discipline.**

ohne Ordnung und Disziplin.

37.5 **It took them half the night to pitch a slovenly camp, and half the morning to break that camp and get the sled loaded in fashion so slovenly that for the rest of the day they were occupied in stopping and rearranging the load.**

Sie brauchten die halbe Nacht, um ein schlampiges Lager aufzuschlagen, und den halben Morgen, um das Lager abzubrechen und den Schlitten so schlampig zu beladen, dass sie den Rest des Tages damit beschäftigt waren, anzuhalten und die Ladung neu zu ordnen.

37.6 **Some days they did not make ten miles.**

An manchen Tagen schafften sie keine zehn Meilen.

37.7 **On other days they were unable to get started at all.**

An anderen Tagen gelang es ihnen nicht, überhaupt loszukommen.

37.8 **And on no day did they succeed in making more than half the distance used by the men as a basis in their dog-food computation.**

Und an keinem Tag schafften sie mehr als die Hälfte der Strecke, die die Männer als Grundlage für ihre Hundefutterberechnung angesetzt hatten.

38.1 **It was inevitable that they should go short on dog-food.**

Es war unvermeidlich, dass das Hundefutter knapp werden würde.

But they hastened it by overfeeding, bringing the day nearer when underfeeding would commence. 38.2

Aber sie beschleunigten es durch Überfütterung, so dass der Tag näher rückte, an dem die Unterfütterung beginnen würde.

The Outside dogs, whose digestions had not been trained by chronic famine to make the most of little, had voracious appetites. 38.3

Die Hunde im Freien, deren Verdauung durch den chronischen Hunger nicht darauf trainiert worden war, aus wenig das Beste zu machen, hatten einen unersättlichen Appetit.

And when, in addition to this, the worn-out huskies pulled weakly, Hal decided that the orthodox ration was too small. 38.4

Als dann auch noch die abgenutzten Huskys schwach zogen, entschied Hal, dass die orthodoxe Ration zu klein war.

He doubled it. 38.5

Er verdoppelte sie.

And to cap it all, when Mercedes, with tears in her pretty eyes and a quaver in her throat, could not cajole him into giving the dogs still more, she stole from the fish-sacks and fed them slyly. 38.6

Und als Mercedes mit Tränen in den hübschen Augen und einem Zittern in der Kehle nicht in der Lage war, ihn zu überreden, den Hunden noch mehr zu geben, stahl sie sich aus den Fischsäcken und fütterte sie heimlich.

But it was not food that Buck and the huskies needed, but rest. 38.7

Aber Buck und die Huskys brauchten kein Futter, sondern Ruhe.

38.8 And though they were making poor time, the heavy load they dragged sapped their strength severely.

Und obwohl sie schlecht vorankamen, zehrte die schwere Last, die sie schleppten, stark an ihren Kräften.

39.1 Then came the underfeeding.

Dann kam die Unterfütterung.

39.2 Hal awoke one day to the fact that his dog-food was half gone and the distance only quarter covered;

Eines Tages wachte Hal auf und stellte fest, dass sein Hundefutter zur Hälfte aufgebraucht und die Strecke nur zu einem Viertel zurückgelegt war;

39.3 further, that for love or money no additional dog-food was to be obtained.

außerdem war weder für Geld noch für Liebe weiteres Hundefutter zu bekommen.

39.4 So he cut down even the orthodox ration and tried to increase the day's travel.

Also kürzte er sogar die orthodoxe Ration und versuchte, die Tagesreise zu verlängern.

39.5 His sister and brother-in-law seconded him; but they were frustrated by their heavy outfit and their own incompetence.

Seine Schwester und sein Schwager unterstützten ihn dabei, aber sie scheiterten an ihrer schweren Ausrüstung und ihrer eigenen Unfähigkeit.

It was a simple matter to give the dogs less food; but it was impossible to make the dogs travel faster, while their own inability to get under way earlier in the morning prevented them from travelling longer hours.
39.6

Es war ein Leichtes, den Hunden weniger Futter zu geben, aber es war unmöglich, sie dazu zu bringen, schneller zu laufen, während ihre eigene Unfähigkeit, sich morgens früher auf den Weg zu machen, sie daran hinderte, länger zu laufen.

Not only did they not know how to work dogs, but they did not know how to work themselves.
39.7

Sie wussten nicht nur nicht, wie sie mit den Hunden arbeiten sollten, sondern auch nicht, wie sie selbst arbeiten sollten.

The first to go was Dub.
40.1

Der erste, der gehen musste, war Dub.

Poor blundering thief that he was, always getting caught and punished, he had none the less been a faithful worker.
40.2

Der arme, ungeschickte Dieb, der immer wieder erwischt und bestraft wurde, war dennoch ein treuer Arbeiter gewesen.

His wrenched shoulder-blade, untreated and unrested, went from bad to worse, till finally Hal shot him with the big Colt's revolver.
40.3

Sein verrenktes Schulterblatt, unbehandelt und ungeheilt, wurde immer schlimmer, bis Hal ihn schließlich mit dem großen Colt-Revolver erschoss.

40.4 It is a saying of the country that an Outside dog starves to death on the ration of the husky, so the six Outside dogs under Buck could do no less than die on half the ration of the husky.

Ein Sprichwort besagt, dass ein Outside-Hund an der Ration eines Huskys verhungert, und so mussten die sechs Outside-Hunde unter Buck mit der halben Ration eines Huskys auskommen.

40.5 The Newfoundland went first, followed by the three short-haired pointers, the two mongrels hanging more grittily on to life, but going in the end.

Der Neufundländer ging als erster, gefolgt von den drei kurzhaarigen Vorstehhunden, die beiden Mischlinge hielten sich eher mühsam am Leben, gingen aber schließlich.

41.1 By this time all the amenities and gentlenesses of the Southland had fallen away from the three people.

Zu diesem Zeitpunkt hatten die drei bereits alle Annehmlichkeiten und Annehmlichkeiten des Südlandes hinter sich gelassen.

41.2 Shorn of its glamour and romance, Arctic travel became to them a reality too harsh for their manhood and womanhood.

Die Arktis, ihres Glanzes und ihrer Romantik beraubt, wurde für sie zu einer Realität, die für ihre Männlichkeit und Weiblichkeit zu hart war.

41.3 Mercedes ceased weeping over the dogs, being too occupied with weeping over herself and with quarrelling with her husband and brother.

Mercedes hörte auf, über die Hunde zu weinen, da sie zu sehr damit beschäftigt war, über sich selbst zu weinen und sich mit ihrem Mann und ihrem Bruder zu streiten.

To quarrel was the one thing they were never too weary to do. 41.4

Streiten war das Einzige, dessen sie nie überdrüssig waren.

Their irritability arose out of their misery, increased with it, doubled upon it, outdistanced it. 41.5

Ihre Gereiztheit entsprang ihrem Elend, nahm mit ihm zu, verdoppelte es und übertraf es.

The wonderful patience of the trail which comes to men who toil hard and suffer sore, and remain sweet of speech and kindly, did not come to these two men and the woman. 41.6

Die wunderbare Geduld des Weges, die den Menschen zuteil wird, die hart schuften und schwer leiden und dabei freundlich und sanftmütig bleiben, war diesen beiden Männern und der Frau nicht zuteil geworden.

They had no inkling of such a patience. 41.7

Sie hatten keine Ahnung von einer solchen Geduld.

They were stiff and in pain; 41.8

Sie waren steif und schmerzten;

their muscles ached, their bones ached, their very hearts ached; 41.9

ihre Muskeln schmerzten, ihre Knochen schmerzten, ihre Herzen schmerzten;

and because of this they became sharp of speech, 41.10

und deshalb wurden sie scharf in der Sprache,

and hard words were first on their lips in the morning and last at night. 41.11

und harte Worte kamen ihnen als erstes am Morgen und als letztes am Abend über die Lippen.

42.1 **Charles and Hal wrangled whenever Mercedes gave them a chance.**

Charles und Hal stritten sich, wann immer Mercedes ihnen eine Chance gab.

42.2 **It was the cherished belief of each that he did more than his share of the work, and neither forbore to speak this belief at every opportunity.**

Jeder von ihnen war der festen Überzeugung, dass er mehr als seinen Anteil an der Arbeit leistete, und keiner von beiden unterließ es, diese Überzeugung bei jeder Gelegenheit auszusprechen.

42.3 **Sometimes Mercedes sided with her husband,**

Manchmal stellte sich Mercedes auf die Seite ihres Mannes,

42.4 **sometimes with her brother.**

manchmal auf die ihres Bruders.

42.5 **The result was a beautiful and unending family quarrel.**

Das Ergebnis war ein schöner und nicht enden wollender Familienzwist.

42.6 **Starting from a dispute as to which should chop a few sticks for the fire (a dispute which concerned only Charles and Hal), presently would be lugged in the rest of the family, fathers, mothers, uncles, cousins, people thousands of miles away, and some of them dead.**

Ausgehend von einem Streit darüber, wer ein paar Stöcke für das Feuer hacken sollte (ein Streit, der nur Charles und Hal betraf), wurde bald der Rest der Familie mit hineingezogen, Väter, Mütter, Onkel, Cousins und Cousinen, Menschen, die Tausende von Kilometern entfernt waren, und einige von ihnen waren tot.

That Hal's views on art, or the sort of society plays his mother's brother wrote, should have anything to do with the chopping of a few sticks of firewood, passes comprehension; 42.7

Dass Hal's Ansichten über Kunst oder die Art von Gesellschaftsspielen, die der Bruder seiner Mutter schrieb, irgendetwas mit dem Hacken von ein paar Stöcken Brennholz zu tun haben sollten, entzieht sich dem Verständnis;

nevertheless the quarrel was as likely to tend in that direction as in the direction of Charles's political prejudices. 42.8

dennoch war der Streit ebenso wahrscheinlich in diese Richtung zu lenken wie in die Richtung von Charles' politischen Vorurteilen.

And that Charles's sister's tale-bearing tongue should be relevant to the building of a Yukon fire, was apparent only to Mercedes, who disburdened herself of copious opinions upon that topic, and incidentally upon a few other traits unpleasantly peculiar to her husband's family. 42.9

Und dass die geschwätzige Zunge von Charles' Schwester für das Entfachen eines Yukon-Feuers von Belang sein sollte, war nur Mercedes klar, die sich über dieses Thema ausgiebig ausließ, und nebenbei auch über einige andere Eigenschaften, die der Familie ihres Mannes unangenehm auffielen.

In the meantime the fire remained unbuilt, the camp half pitched, and the dogs unfed. 42.10

In der Zwischenzeit blieb das Feuer ungebrannt, das Lager halb aufgeschlagen und die Hunde unversorgt.

Mercedes nursed a special grievance - 43.1

Mercedes hegte einen besonderen Kummer -

43.2 **the grievance of sex. She was pretty and soft,**
den Kummer über das Geschlecht. Sie war hübsch und
sanft,

43.3 **and had been chivalrously treated all her days.**
und sie war immer ritterlich behandelt worden.

43.4 **But the present treatment by her husband and
brother was everything save chivalrous.**
Aber die jetzige Behandlung durch ihren Mann und ihren
Bruder war alles andere als ritterlich.

43.5 **It was her custom to be helpless. They complained.**
Es war ihre Gewohnheit, hilflos zu sein. Sie beschwerten
sich.

43.6 **Upon which impeachment of what to her was her
most essential sex-prerogative,**
Indem sie ihr wichtigstes Geschlechtsprivileg angriff,

43.7 **she made their lives unendurable.**
machte sie ihnen das Leben unerträglich.

43.8 **She no longer considered the dogs, and because she
was sore and tired, she persisted in riding on the sled.**
Sie nahm keine Rücksicht mehr auf die Hunde, und weil sie
wund und müde war, ließ sie sich nicht davon abhalten, auf
dem Schlitten zu fahren.

43.9 **She was pretty and soft,**
Sie war hübsch und weich,

43.10 **but she weighed one hundred and twenty pounds -**
aber sie wog einhundertzwanzig Pfund -

a lusty last straw to the load dragged by the weak and starving animals.   43.11

ein lustvoller letzter Strohhalm zu der Last, die die schwachen und hungrigen Tiere schleppten.

She rode for days,   43.12

Sie ritt tagelang,

till they fell in the traces and the sled stood still.   43.13

bis sie in die Spur gerieten und der Schlitten stehen blieb.

Charles and Hal begged her to get off and walk, pleaded with her, entreated, the while she wept and importuned Heaven with a recital of their brutality.   43.14

Charles und Hal flehten sie an, abzusteigen und zu Fuß zu gehen, baten sie, flehten sie an, während sie weinte und den Himmel mit einer Schilderung ihrer Brutalität anflehte.

On one occasion they took her off the sled by main strength.   44.1

Einmal haben sie sie aus eigener Kraft vom Schlitten geholt.

They never did it again.   44.2

Sie taten es nie wieder.

She let her legs go limp like a spoiled child, and sat down on the trail.   44.3

Sie ließ ihre Beine schlaff werden wie ein verwöhntes Kind und setzte sich auf den Weg.

They went on their way, but she did not move.   44.4

Sie setzten ihren Weg fort, aber sie bewegte sich nicht.

44.5 After they had travelled three miles they unloaded the sled, came back for her, and by main strength put her on the sled again.

Nachdem sie drei Meilen zurückgelegt hatten, luden sie den Schlitten ab, holten sie zurück und setzten sie mit aller Kraft wieder auf den Schlitten.

45.1 In the excess of their own misery they were callous to the suffering of their animals.

Im Übermaß ihres eigenen Elends waren sie gefühllos gegenüber dem Leiden ihrer Tiere.

45.2 Hal's theory, which he practised on others, was that one must get hardened.

Hal vertrat die Theorie, dass man abgehärtet werden muss, was er auch an anderen praktizierte.

45.3 He had started out preaching it to his sister and brother-in-law.

Er hatte damit begonnen, sie seiner Schwester und seinem Schwager zu predigen.

45.4 Failing there,

Als das nicht klappte,

45.5 he hammered it into the dogs with a club.

hämmerte er sie den Hunden mit einem Knüppel ein.

45.6 At the Five Fingers the dog-food gave out, and a toothless old squaw offered to trade them a few pounds of frozen horse-hide for the Colt's revolver that kept the big hunting-knife company at Hal's hip.

Bei den Five Fingers ging das Hundefutter zur Neige, und eine zahnlose alte Squaw bot ihnen an, ein paar Pfund gefrorenes Pferdefell gegen den Colt-Revolver einzutauschen, der das große Jagdmesser an Hal's Hüfte begleitete.

A poor substitute for food was this hide,   45.7

Dieses Fell war ein schlechter Ersatz für Nahrung,

just as it had been stripped from the starved horses of   45.8
the cattlemen six months back.

so wie es den verhungerten Pferden der Viehzüchter vor
sechs Monaten abgezogen worden war.

In its frozen state it was more like strips of galvanized   45.9
iron, and when a dog wrestled it into his stomach
it thawed into thin and innutritious leathery
strings and into a mass of short hair, irritating and
indigestible.

In gefrorenem Zustand glich es eher Streifen aus
verzinktem Eisen, und wenn ein Hund es sich in den
Magen zwängte, taute es zu dünnen und unappetitlichen
lederartigen Schnüren und zu einer Masse kurzer Haare
auf, die lästig und unverdaulich waren.

And through it all Buck staggered along at the head of   46.1
the team as in a nightmare.

Und durch all das taumelte Buck an der Spitze des
Gespanns wie in einem Albtraum.

He pulled when he could;   46.2

Er zog, wenn er konnte;

when he could no longer pull, he fell down and   46.3
remained down till blows from whip or club drove
him to his feet again.

wenn er nicht mehr ziehen konnte, fiel er hin und blieb
liegen, bis ihn Peitschen - oder Keulenhiebe wieder auf die
Beine brachten.

46.4 All the stiffness and gloss had gone out of his
beautiful furry coat.
All die Steifheit und der Glanz waren aus seinem schönen
Pelzmantel verschwunden.

46.5 The hair hung down, limp and draggled, or matted
with dried blood where Hal's club had bruised him.
Die Haare hingen schlaff und zerzaust herab oder waren
mit getrocknetem Blut verfilzt, wo Hal ihn mit seinem
Knüppel gequetscht hatte.

46.6 His muscles had wasted away to knotty strings, and
the flesh pads had disappeared, so that each rib
and every bone in his frame were outlined cleanly
through the loose hide that was wrinkled in folds of
emptiness.
Seine Muskeln waren zu knotigen Fäden verkümmert, und
die Fleischpolster waren verschwunden, so dass jede Rippe
und jeder Knochen in seinem Körperbau durch das lose
Fell, das in leeren Falten lag, klar zu erkennen war.

46.7 It was heartbreaking, only Buck's heart was
unbreakable.
Es war herzzerreißend, nur Bucks Herz war
unzerbrechlich.

46.8 The man in the red sweater had proved that.
Der Mann mit dem roten Pullover hatte das bewiesen.

47.1 As it was with Buck, so was it with his mates.
So wie es Buck erging, erging es auch seinen Kumpels.

47.2 They were perambulating skeletons.
Sie waren umherwandernde Skelette.

47.3 There were seven all together, including him.
Es waren insgesamt sieben, ihn eingeschlossen.

In their very great misery they had become
insensible to the bite of the lash or the bruise of the
club.

47.4

In ihrem großen Elend waren sie unempfindlich gegen
den Biss der Peitsche oder den Schlag mit dem Knüppel
geworden.

The pain of the beating was dull and distant, just as
the things their eyes saw and their ears heard seemed
dull and distant.

47.5

Der Schmerz der Schläge war dumpf und weit weg, so wie
das, was ihre Augen sahen und ihre Ohren hörten, dumpf
und weit weg schien.

They were not half living, or quarter living.

47.6

Sie waren nicht halb lebendig oder zu einem Viertel
lebendig.

They were simply so many bags of bones in which
sparks of life fluttered faintly.

47.7

Sie waren einfach nur viele Knochensäcke, in denen
Funken des Lebens schwach flatterten.

When a halt was made, they dropped down in the
traces like dead dogs, and the spark dimmed and
paled and seemed to go out.

47.8

Wenn man sie anhielt, sanken sie wie tote Hunde in die
Spuren, und der Funke wurde schwächer und blasser und
schien zu erlöschen.

And when the club or whip fell upon them, the spark
fluttered feebly up, and they tottered to their feet and
staggered on.

47.9

Und wenn der Knüppel oder die Peitsche auf sie fiel,
flatterte der Funke schwach auf, und sie taumelten auf
die Beine und taumelten weiter.

48.1 There came a day when Billee, the good-natured, fell and could not rise.

Es kam der Tag, an dem Billee, der Gutmütige, hinfiel und nicht mehr aufstehen konnte.

48.2 Hal had traded off his revolver, so he took the axe and knocked Billee on the head as he lay in the traces, then cut the carcass out of the harness and dragged it to one side.

Hal hatte seinen Revolver eingetauscht, also nahm er die Axt und schlug Billee auf den Kopf, als er in den Spuren lag, dann schnitt er den Kadaver aus dem Geschirr und schleifte ihn zur Seite.

48.3 Buck saw, and his mates saw, and they knew that this thing was very close to them.

Buck und seine Kameraden sahen es, und sie wussten, dass dieses Ding ganz in ihrer Nähe war.

48.4 On the next day Koona went,

Am nächsten Tag ging Koona,

48.5 and but five of them remained:

und nur fünf von ihnen blieben zurück:

48.6 Joe, too far gone to be malignant;

Joe, der zu weit weg war, um bösartig zu sein;

48.7 Pike, crippled and limping, only half conscious and not conscious enough longer to malinger;

Pike, verkrüppelt und humpelnd, nur noch halb bei Bewusstsein und nicht mehr bei Bewusstsein genug, um zu malträtieren;

Sol-leks, the one-eyed, still faithful to the toil of trace and trail, and mournful in that he had so little strength with which to pull;   48.8

Sol-leks, der Einäugige, immer noch treu bei der Mühsal der Spur und des Trails, und traurig darüber, dass er so wenig Kraft hatte, um zu ziehen;

Teek, who had not travelled so far that winter and who was now beaten more than the others because he was fresher;   48.9

Teek, der in diesem Winter noch nicht so weit gereist war und jetzt mehr als die anderen geschlagen wurde, weil er frischer war;

and Buck, still at the head of the team, but no longer enforcing discipline or striving to enforce it, blind with weakness half the time and keeping the trail by the loom of it and by the dim feel of his feet.   48.10

und Buck, immer noch an der Spitze des Gespanns, aber nicht mehr in der Lage, die Disziplin durchzusetzen oder sich darum zu bemühen, weil er die Hälfte der Zeit blind vor Schwäche war und die Spur nur noch durch das dumpfe Gefühl seiner Füße halten konnte.

It was beautiful spring weather,   49.1

Es war wunderschönes Frühlingswetter,

but neither dogs nor humans were aware of it.   49.2

aber weder Hunde noch Menschen waren sich dessen bewusst.

Each day the sun rose earlier and set later.   49.3

Jeden Tag ging die Sonne früher auf und später unter.

It was dawn by three in the morning,   49.4

Um drei Uhr morgens dämmerte es bereits,

49.5 and twilight lingered till nine at night.

und die Dämmerung dauerte bis neun Uhr abends an.

49.6 The whole long day was a blaze of sunshine.

Der ganze lange Tag war ein strahlender Sonnenschein.

49.7 The ghostly winter silence had given way to the great spring murmur of awakening life.

Die gespenstische Winterstille war dem großen Frühlingsrauschen des erwachenden Lebens gewichen.

49.8 This murmur arose from all the land, fraught with the joy of living.

Dieses Rauschen kam aus dem ganzen Land und war erfüllt von Lebensfreude.

49.9 It came from the things that lived and moved again, things which had been as dead and which had not moved during the long months of frost.

Es kam von den Dingen, die lebten und sich wieder bewegten, von Dingen, die während der langen Frostmonate wie tot waren und sich nicht bewegt hatten.

49.10 The sap was rising in the pines.

Der Saft stieg in den Kiefern auf.

49.11 The willows and aspens were bursting out in young buds.

Die Weiden und Espen treiben junge Knospen aus.

49.12 Shrubs and vines were putting on fresh garbs of green.

Sträucher und Weinstöcke legten ein frisches grünes Gewand an.

Crickets sang in the nights, and in the days all manner of creeping, crawling things rustled forth into the sun.

49.13

In den Nächten sangen die Grillen, und tagsüber raschelte allerlei kriechendes und krabbelndes Getier der Sonne entgegen.

Partridges and woodpeckers were booming and knocking in the forest.

49.14

Rebhühner und Spechte dröhnten und klopften im Wald.

Squirrels were chattering, birds singing, and overhead honked the wild-fowl driving up from the south in cunning wedges that split the air.

49.15

Eichhörnchen schnatterten, Vögel sangen, und über den Köpfen hupten die Wildvögel, die aus dem Süden heraufkamen und die Luft mit ihren schlauen Keilen spalteten.

From every hill slope came the trickle of running water,

50.1

Von jedem Berghang kam das Rauschen von fließendem Wasser,

the music of unseen fountains.

50.2

die Musik unsichtbarer Brunnen.

All things were thawing, bending, snapping.

50.3

Alles taut, verbiegt sich, bricht zusammen.

The Yukon was straining to break loose the ice that bound it down.

50.4

Der Yukon bemühte sich, das Eis, das ihn festhielt, loszubrechen.

It ate away from beneath; the sun ate from above.

50.5

Es fraß sich von unten weg; die Sonne fraß sich von oben.

50.6 Air-holes formed, fissures sprang and spread apart, while thin sections of ice fell through bodily into the river.

Luftlöcher bildeten sich, Risse sprangen auf und spreizten sich, während dünne Eisstücke mit dem Körper in den Fluss fielen.

50.7 And amid all this bursting, rending, throbbing of awakening life, under the blazing sun and through the soft-sighing breezes, like wayfarers to death, staggered the two men, the woman, and the huskies.

Und inmitten all dieses brechenden, reißenden, pochenden, erwachenden Lebens taumelten die beiden Männer, die Frau und die Huskys unter der glühenden Sonne und durch die sanft seufzende Brise wie Wanderer in den Tod.

51.1 With the dogs falling, Mercedes weeping and riding, Hal swearing innocuously, and Charles's eyes wistfully watering, they staggered into John Thornton's camp at the mouth of White River.

Die Hunde fielen, Mercedes weinte und ritt, Hal fluchte unschuldig, und Charles' Augen tränten wehmütig, und sie taumelten in John Thorntons Lager an der Mündung des White River.

51.2 When they halted, the dogs dropped down as though they had all been struck dead.

Als sie anhielten, fielen die Hunde zu Boden, als wären sie alle totgeschlagen worden.

51.3 Mercedes dried her eyes and looked at John Thornton.

Mercedes trocknete sich die Augen und sah John Thornton an.

Charles sat down on a log to rest.
Charles setzte sich auf einen Baumstamm, um sich auszuruhen.

51.4

He sat down very slowly and painstakingly what of his great stiffness.
Er setzte sich sehr langsam und mühsam hin, weil er sehr steif war.

51.5

Hal did the talking.
Hal übernahm das Reden.

51.6

John Thornton was whittling the last touches on an axe-handle he had made from a stick of birch.
John Thornton schnitzte die letzten Handgriffe an einem Axtstiel, den er aus einem Birkenstamm gefertigt hatte.

51.7

He whittled and listened, gave monosyllabic replies, and, when it was asked, terse advice.
Er schnitzte und hörte zu, gab einsilbige Antworten und, wenn er danach gefragt wurde, knappe Ratschläge.

51.8

He knew the breed, and he gave his advice in the certainty that it would not be followed.
Er kannte die Rasse, und er gab seinen Rat in der Gewissheit, dass er nicht befolgt werden würde.

51.9

"They told us up above that the bottom was dropping out of the trail and that the best thing for us to do was to lay over,"
"Sie sagten uns oben, dass der Boden des Trails abfiele und dass es das Beste sei, wenn wir uns auf die andere Seite legten,"

52.1

52.2   Hal said in response to Thornton's warning to take no more chances on the rotten ice.

antwortete Hal auf Thorntons Warnung, kein Risiko mehr auf dem morschen Eis einzugehen.

52.3   "They told us we couldn't make White River, and here we are."

"Sie sagten uns, wir könnten es nicht bis zum White River schaffen, und hier sind wir nun."

52.4   This last with a sneering ring of triumph in it.

Letzteres klang wie ein spöttischer Triumph.

53.1   "And they told you true,"

"Und sie haben dir die Wahrheit gesagt,"

53.2   John Thornton answered.

antwortete John Thornton.

53.3   "The bottom's likely to drop out at any moment.

"Der Boden kann jeden Moment wegbrechen.

53.4   Only fools, with the blind luck of fools, could have made it.

Nur Narren, mit dem blinden Glück von Narren, hätten es geschafft.

53.5   I tell you straight,

Ich sage dir ganz ehrlich,

53.6   I wouldn't risk my carcass on that ice for all the gold in Alaska."

ich würde meinen Kadaver nicht für alles Gold in Alaska auf dem Eis riskieren."

54.1   "That's because you're not a fool, I suppose," said Hal.

"Das liegt wohl daran, dass du kein Narr bist," sagte Hal.

"All the same, we'll go on to Dawson." 54.2

"Wie dem auch sei, wir reiten weiter nach Dawson."

He uncoiled his whip. "Get up there, Buck! Hi! 54.3

Er spannte seine Peitsche aus. "Rauf mit dir, Buck! Hallo!

Get up there! Mush on!" 54.4

Rauf mit dir! Mach schon!"

Thornton went on whittling. 55.1

Thornton schnitzte weiter.

It was idle, he knew, to get between a fool and his 55.2
folly;

Er wusste, dass es müßig war, sich zwischen einen Narren
und seine Dummheit zu stellen;

while two or three fools more or less would not alter 55.3
the scheme of things.

zwei oder drei Narren mehr oder weniger würden den Lauf
der Dinge nicht ändern.

But the team did not get up at the command. 56.1

Aber die Mannschaft stand auf das Kommando nicht auf.

It had long since passed into the stage where blows 56.2
were required to rouse it.

Es war schon längst in das Stadium übergegangen, in dem
Schläge nötig waren, um es zu wecken.

The whip flashed out, here and there, on its merciless 56.3
errands.

Die Peitsche blitzte hier und da auf ihren unbarmherzigen
Botengängen auf.

John Thornton compressed his lips. 56.4

John Thornton presste seine Lippen zusammen.

198

56.5 **Sol-leks was the first to crawl to his feet.**
Sol-leks war der erste, der auf die Füße kroch.

56.6 **Teek followed. Joe came next, yelping with pain.**
Teek folgte ihm. Joe kam als nächster und kläffte vor
Schmerz.

56.7 **Pike made painful efforts.**
Pike machte schmerzhafte Anstrengungen.

56.8 **Twice he fell over, when half up, and on the third
attempt managed to rise.**
Zweimal fiel er um, als er schon halb aufgestanden war,
und beim dritten Versuch schaffte er es, aufzustehen.

56.9 **Buck made no effort.**
Buck machte keine Anstalten.

56.10 **He lay quietly where he had fallen.**
Er blieb ruhig liegen, wo er gefallen war.

56.11 **The lash bit into him again and again,**
Die Peitsche biss immer wieder in ihn hinein,

56.12 **but he neither whined nor struggled.**
aber er wimmerte nicht und wehrte sich nicht.

56.13 **Several times Thornton started, as though to speak,
but changed his mind.**
Mehrmals setzte Thornton an, als wolle er sprechen,
überlegte es sich dann aber anders.

A moisture came into his eyes, and, as the whipping continued, he arose and walked irresolutely up and down. 56.14

Seine Augen wurden feucht, und als die Peitschenhiebe weitergingen, erhob er sich und ging unschlüssig auf und ab.

This was the first time Buck had failed, in itself a sufficient reason to drive Hal into a rage. 57.1

Dies war das erste Mal, dass Buck versagt hatte, was an sich schon Grund genug war, Hal in Rage zu versetzen.

He exchanged the whip for the customary club. 57.2

Er tauschte die Peitsche gegen die übliche Keule aus.

Buck refused to move under the rain of heavier blows which now fell upon him. 57.3

Buck weigerte sich, sich unter dem Regen schwerer Schläge, die nun auf ihn einprasselten, zu bewegen.

Like his mates, he was barely able to get up, but, unlike them, he had made up his mind not to get up. 57.4

Wie seine Kameraden war er kaum in der Lage aufzustehen, aber im Gegensatz zu ihnen hatte er sich entschlossen, nicht aufzustehen.

He had a vague feeling of impending doom. 57.5

Er hatte ein vages Gefühl des drohenden Untergangs.

This had been strong upon him when he pulled in to the bank, and it had not departed from him. 57.6

Dieses Gefühl war stark gewesen, als er am Ufer anlegte, und es hatte ihn nicht mehr losgelassen.

57.7 What of the thin and rotten ice he had felt under his feet all day, it seemed that he sensed disaster close at hand, out there ahead on the ice where his master was trying to drive him.

Abgesehen von dem dünnen und morschen Eis, das er den ganzen Tag unter seinen Füßen gespürt hatte, schien er das Unheil zu ahnen, das da draußen auf dem Eis drohte, wohin sein Herr ihn zu treiben versuchte.

57.8 He refused to stir.

Er weigerte sich, sich zu rühren.

57.9 So greatly had he suffered, and so far gone was he, that the blows did not hurt much.

Er hatte so sehr gelitten und war so erschöpft, dass die Schläge nicht sehr weh taten.

57.10 And as they continued to fall upon him,

Und während sie weiter auf ihn einprasselten,

57.11 the spark of life within flickered and went down.

flackerte der Lebensfunke in ihm auf und erlosch.

57.12 It was nearly out. He felt strangely numb.

Er war fast erloschen. Er fühlte sich seltsam taub.

57.13 As though from a great distance,

Wie aus weiter Ferne war ihm bewusst,

57.14 he was aware that he was being beaten.

dass er geschlagen wurde.

57.15 The last sensations of pain left him.

Die letzten Empfindungen von Schmerz verließen ihn.

57.16 He no longer felt anything,

Er spürte nichts mehr,

though very faintly he could hear the impact of the club upon his body.

57.17

obwohl er ganz schwach den Aufprall des Schlägers auf seinen Körper hören konnte.

But it was no longer his body,

57.18

Aber es war nicht mehr sein Körper,

it seemed so far away.

57.19

er schien so weit weg zu sein.

And then, suddenly, without warning, uttering a cry that was inarticulate and more like the cry of an animal, John Thornton sprang upon the man who wielded the club.

58.1

Plötzlich, ohne Vorwarnung, stürzte sich John Thornton mit einem unartikulierten Schrei, der eher dem Schrei eines Tieres glich, auf den Mann, der den Knüppel schwang.

Hal was hurled backward,

58.2

Hal wurde nach hinten geschleudert,

as though struck by a falling tree.

58.3

als ob er von einem umstürzenden Baum getroffen worden wäre.

Mercedes screamed.

58.4

Mercedes schrie.

Charles looked on wistfully, wiped his watery eyes, but did not get up because of his stiffness.

58.5

Charles sah wehmütig zu, wischte sich über die tränenden Augen, stand aber nicht auf, weil er steif war.

59.1 John Thornton stood over Buck, struggling to control himself, too convulsed with rage to speak.

John Thornton stand über Buck und hatte Mühe, sich zu beherrschen, denn er war zu wütend, um zu sprechen.

60.1 "If you strike that dog again, I'll kill you,"

"Wenn du den Hund noch einmal schlägst, bringe ich dich um,"

60.2 he at last managed to say in a choking voice.

sagte er schließlich mit erstickter Stimme.

61.1 "It's my dog,"

"Es ist mein Hund,"

61.2 Hal replied,

antwortete Hal und wischte sich das Blut aus dem Mund,

61.3 wiping the blood from his mouth as he came back.

als er zurückkam.

61.4 "Get out of my way, or I'll fix you.

"Geh mir aus dem Weg, oder ich mach dich fertig.

61.5 I'm going to Dawson."

Ich gehe zu Dawson."

62.1 Thornton stood between him and Buck,

Thornton stand zwischen ihm und Buck und machte keine Anstalten,

62.2 and evinced no intention of getting out of the way.

aus dem Weg zu gehen.

62.3 Hal drew his long hunting-knife.

Hal zog sein langes Jagdmesser.

Mercedes screamed, cried, laughed, and manifested the chaotic abandonment of hysteria.   62.4

Mercedes schrie, weinte, lachte und zeigte die chaotische Hemmungslosigkeit der Hysterie.

Thornton rapped Hal's knuckles with the axe-handle,   62.5

Thornton schlug Hal mit dem Axtstiel auf die Fingerknöchel,

knocking the knife to the ground.   62.6

wodurch das Messer zu Boden fiel.

He rapped his knuckles again as he tried to pick it up.   62.7

Er schlug ihm erneut auf die Knöchel, als er versuchte, es aufzuheben.

Then he stooped, picked it up himself, and with two strokes cut Buck's traces.   62.8

Dann bückte er sich, hob es selbst auf und durchtrennte mit zwei Schlägen Bucks Spuren.

Hal had no fight left in him.   63.1

Hal hatte keinen Kampfgeist mehr in sich.

Besides, his hands were full with his sister, or his arms, rather; while Buck was too near dead to be of further use in hauling the sled.   63.2

Außerdem hatte er alle Hände voll mit seiner Schwester zu tun, oder besser gesagt, mit seinen Armen, während Buck schon fast tot war, um den Schlitten weiter zu ziehen.

A few minutes later they pulled out from the bank and down the river.   63.3

Ein paar Minuten später fuhren sie vom Ufer weg und den Fluss hinunter.

63.4 Buck heard them go and raised his head to see, Pike was leading, Sol-leks was at the wheel, and between were Joe and Teek.

Buck hörte sie fahren und hob den Kopf, um zu sehen, dass Pike führte, Sol-leks saß am Steuer, und dazwischen waren Joe und Teek.

63.5 They were limping and staggering.

Sie hinkten und schwankten.

63.6 Mercedes was riding the loaded sled.

Mercedes fuhr auf dem beladenen Schlitten.

63.7 Hal guided at the gee-pole,

Hal lenkte den Schlitten,

63.8 and Charles stumbled along in the rear.

und Charles stolperte hinten mit.

64.1 As Buck watched them, Thornton knelt beside him and with rough, kindly hands searched for broken bones.

Während Buck sie beobachtete, kniete Thornton neben ihm und suchte mit rauen, freundlichen Händen nach gebrochenen Knochen.

64.2 By the time his search had disclosed nothing more than many bruises and a state of terrible starvation,

Als seine Suche nichts weiter als viele blaue Flecken und einen schrecklichen Hungerzustand ergeben hatte,

64.3 the sled was a quarter of a mile away.

war der Schlitten schon eine Viertelmeile entfernt.

64.4 Dog and man watched it crawling along over the ice.

Hund und Mann beobachteten, wie er über das Eis kroch.

Suddenly, they saw its back end drop down, as into a rut, and the gee-pole, with Hal clinging to it, jerk into the air. 64.5

Plötzlich sahen sie, wie das hintere Ende des Schlittens wie in eine Spurrille abfiel und die Stange, an der sich Hal festhielt, in die Luft geschleudert wurde.

Mercedes's scream came to their ears. 64.6

Der Schrei von Mercedes drang an ihre Ohren.

They saw Charles turn and make one step to run back, and then a whole section of ice give way and dogs and humans disappear. 64.7

Sie sahen, wie Charles sich umdrehte und einen Schritt zurücklief, und dann gab ein ganzer Abschnitt des Eises nach und Hunde und Menschen verschwanden.

A yawning hole was all that was to be seen. 64.8

Ein gähnendes Loch war alles, was zu sehen war.

The bottom had dropped out of the trail. 64.9

Der Boden war aus der Spur gesunken.

John Thornton and Buck looked at each other. 65.1

John Thornton und Buck sahen sich gegenseitig an.

"You poor devil," said John Thornton, 66.1

"Du armer Teufel," sagte John Thornton,

and Buck licked his hand. 66.2

und Buck leckte seine Hand ab.

Chapter VI. For the Love of a Man

Kapitel VI. Aus Liebe zu einem Mann

1.1 When John Thornton froze his feet in the previous December his partners had made him comfortable and left him to get well, going on themselves up the river to get out a raft of saw-logs for Dawson.

Als sich John Thornton im Dezember des Vorjahres die Füße erfroren hatte, hatten seine Partner es ihm bequem gemacht, ihn gesund werden lassen und waren selbst flussaufwärts gefahren, um ein Floß mit Sägeblöcken für Dawson zu holen.

1.2 He was still limping slightly at the time he rescued Buck, but with the continued warm weather even the slight limp left him.

Als er Buck rettete, hinkte er noch immer leicht, aber mit dem anhaltend warmen Wetter verließ ihn auch das leichte Hinken.

And here, lying by the river bank through the long
spring days, watching the running water, listening
lazily to the songs of birds and the hum of nature,
Buck slowly won back his strength.

1.3

Und hier, am Flussufer liegend, während der langen
Frühlingstage, dem fließenden Wasser zusehend, dem
Gesang der Vögel und dem Rauschen der Natur lauschend,
gewann Buck langsam seine Kräfte zurück.

A rest comes very good after one has travelled three
thousand miles, and it must be confessed that Buck
waxed lazy as his wounds healed, his muscles swelled
out, and the flesh came back to cover his bones.

2.1

Eine Pause tut sehr gut, wenn man dreitausend Meilen
zurückgelegt hat, und man muss zugeben, dass Buck
faul wurde, als seine Wunden heilten, seine Muskeln
anschwollen und das Fleisch wieder seine Knochen
bedeckte.

For that matter, they were all loafing, — Buck, John
Thornton, and Skeet and Nig, — waiting for the raft
to come that was to carry them down to Dawson.

2.2

Übrigens faulenzten sie alle, Buck, John Thornton, Skeet
und Nig, und warteten auf das Floß, das sie nach Dawson
bringen sollte.

Skeet was a little Irish setter who early made friends
with Buck, who, in a dying condition, was unable to
resent her first advances.

2.3

Skeet war ein kleiner irischer Setter, der sich schon früh
mit Buck angefreundet hatte, der in seinem sterbenden
Zustand ihre ersten Annäherungsversuche nicht abwehren
konnte.

2.4 **She had the doctor trait which some dogs possess; and as a mother cat washes her kittens, so she washed and cleansed Buck's wounds.**

Sie hatte den Arztcharakter, den manche Hunde besitzen, und wie eine Katzenmutter ihre Jungen wäscht, so wusch und säuberte sie Bucks Wunden.

2.5 **Regularly, each morning after he had finished his breakfast, she performed her self-appointed task, till he came to look for her ministrations as much as he did for Thornton's.**

Jeden Morgen, nachdem er gefrühstückt hatte, verrichtete sie ihre selbst gestellte Aufgabe, bis er ihre Zuwendung ebenso sehr suchte wie die von Thornton.

2.6 **Nig, equally friendly, though less demonstrative, was a huge black dog, half bloodhound and half deerhound, with eyes that laughed and a boundless good nature.**

Nig, ebenso freundlich, wenn auch weniger demonstrativ, war ein großer schwarzer Hund, halb Bluthund und halb Hirschhund, mit lachenden Augen und einem grenzenlos guten Wesen.

3.1 **To Buck's surprise these dogs manifested no jealousy toward him.**

Zu Bucks Überraschung zeigten diese Hunde keine Eifersucht auf ihn.

3.2 **They seemed to share the kindliness and largeness of John Thornton.**

Sie schienen die Freundlichkeit und Großzügigkeit von John Thornton zu teilen.

As Buck grew stronger they enticed him into all sorts 3.3
of ridiculous games, in which Thornton himself
could not forbear to join; and in this fashion Buck
romped through his convalescence and into a new
existence.

Als Buck kräftiger wurde, verleiteten sie ihn zu allerlei
lächerlichen Spielen, an denen auch Thornton nicht
vorbeikam, und auf diese Weise tobte Buck durch seine
Genesung und in eine neue Existenz hinein.

Love, genuine passionate love, was his for the first 3.4
time.

Zum ersten Mal erlebte er Liebe, echte, leidenschaftliche
Liebe.

This he had never experienced at Judge Miller's down 3.5
in the sun-kissed Santa Clara Valley.

Das hatte er bei Richter Miller unten im
sonnenverwöhnten Santa Clara Valley nie erlebt.

With the Judge's sons, hunting and tramping, it 3.6
had been a working partnership; with the Judge's
grandsons, a sort of pompous guardianship; and with
the Judge himself, a stately and dignified friendship.

Mit den Söhnen des Richters, die jagten und wanderten,
war es eine Arbeitspartnerschaft gewesen, mit den Enkeln
des Richters eine Art pompöse Vormundschaft und
mit dem Richter selbst eine stattliche und würdevolle
Freundschaft.

But love that was feverish and burning, that was 3.7
adoration, that was madness, it had taken John
Thornton to arouse.

Aber eine Liebe, die fiebrig und brennend war, die
Anbetung war, die Wahnsinn war, hatte John Thornton
gebraucht, um sie zu erwecken.

4.1 This man had saved his life, which was something; but, further, he was the ideal master.

Dieser Mann hatte ihm das Leben gerettet, und das war schon etwas, aber darüber hinaus war er der ideale Herr.

4.2 Other men saw to the welfare of their dogs from a sense of duty and business expediency;

Andere Männer kümmerten sich um das Wohlergehen ihrer Hunde aus Pflichtgefühl und geschäftlicher Zweckmäßigkeit;

4.3 he saw to the welfare of his as if they were his own children, because he could not help it.

er kümmerte sich um das Wohlergehen seiner Hunde, als wären sie seine eigenen Kinder, weil er nicht anders konnte.

4.4 And he saw further.

Und er sah noch mehr.

4.5 He never forgot a kindly greeting or a cheering word,

Er vergaß nie einen freundlichen Gruß oder ein aufmunterndes Wort,

4.6 and to sit down for a long talk with them ("gas"

und sich zu einem langen Gespräch mit ihnen hinzusetzen ("Gas"

4.7 he called it) was as much his delight as theirs.

nannte er es) war für ihn ebenso ein Vergnügen wie für sie.

He had a way of taking Buck's head roughly between 4.8
his hands, and resting his own head upon Buck's, of
shaking him back and forth, the while calling him ill
names that to Buck were love names.

Er hatte die Angewohnheit, Bucks Kopf grob zwischen
seine Hände zu nehmen und seinen eigenen Kopf auf
Bucks Kopf zu legen, ihn hin und her zu schütteln und
ihn dabei mit bösen Namen zu beschimpfen, die für Buck
Liebesnamen waren.

Buck knew no greater joy than that rough embrace 4.9
and the sound of murmured oaths, and at each jerk
back and forth it seemed that his heart would be
shaken out of his body so great was its ecstasy.

Buck kannte keine größere Freude als diese raue
Umarmung und den Klang gemurmelter Flüche, und
bei jedem Hin - und Herschütteln schien es, als würde sein
Herz aus seinem Körper geschüttelt werden, so groß war
seine Ekstase.

And when, released, he sprang to his feet, his mouth 4.10
laughing, his eyes eloquent, his throat vibrant with
unuttered sound, and in that fashion remained
without movement, John Thornton would reverently
exclaim:

Und wenn er, befreit, auf die Füße sprang, mit lachendem
Mund, beredten Augen und einer Kehle, die vor
unausgesprochenen Tönen vibrierte, und so ohne
Bewegung stehen blieb, rief John Thornton ehrfürchtig
aus:

"God! you can all but speak!" 4.11

"Gott, du kannst ja fast sprechen!"

Buck had a trick of love expression that was akin to 5.1
hurt.

Buck hatte einen Trick, seine Liebe auszudrücken, der
einer Verletzung gleichkam.

5.2 He would often seize Thornton's hand in his mouth and close so fiercely that the flesh bore the impress of his teeth for some time afterward.

Oft nahm er Thorntons Hand in den Mund und schloss sie so heftig, dass das Fleisch noch einige Zeit danach den Abdruck seiner Zähne trug.

5.3 And as Buck understood the oaths to be love words,

Und so wie Buck die Schwüre als Liebesworte verstand,

5.4 so the man understood this feigned bite for a caress.

so verstand der Mann diesen vorgetäuschten Biss als Zärtlichkeit.

6.1 For the most part, however, Buck's love was expressed in adoration.

Die meiste Zeit jedoch drückte sich Bucks Liebe in Anbetung aus.

6.2 While he went wild with happiness when Thornton touched him or spoke to him, he did not seek these tokens.

Er war zwar außer sich vor Freude, wenn Thornton ihn berührte oder mit ihm sprach, aber er suchte diese Zeichen nicht.

6.3 Unlike Skeet, who was wont to shove her nose under Thornton's hand and nudge and nudge till petted, or Nig, who would stalk up and rest his great head on Thornton's knee, Buck was content to adore at a distance.

Anders als Skeet, die ihre Nase unter Thorntons Hand schob und stupste, bis er sie streichelte, oder Nig, der sich heranpirschte und seinen großen Kopf auf Thorntons Knie legte, begnügte sich Buck mit der Anbetung auf Distanz.

He would lie by the hour, eager, alert, at Thornton's
feet, looking up into his face, dwelling upon it,
studying it, following with keenest interest each
fleeting expression, every movement or change of
feature.

6.4

Stündlich lag er eifrig und wachsam zu Thorntons Füßen,
blickte in sein Gesicht, verweilte darin, studierte es und
verfolgte mit größtem Interesse jeden flüchtigen Ausdruck,
jede Bewegung oder Veränderung der Gesichtszüge.

Or, as chance might have it, he would lie farther away,
to the side or rear, watching the outlines of the man
and the occasional movements of his body.

6.5

Oder, wie es der Zufall wollte, lag er weiter weg, an der
Seite oder hinten, und beobachtete die Umrisse des
Mannes und die gelegentlichen Bewegungen seines
Körpers.

And often, such was the communion in which they
lived, the strength of Buck's gaze would draw John
Thornton's head around, and he would return the
gaze, without speech, his heart shining out of his eyes
as Buck's heart shone out.

6.6

Und oft, so war die Gemeinschaft, in der sie lebten, zog die
Stärke von Bucks Blick John Thorntons Kopf herum, und er
erwiderte den Blick, ohne zu sprechen, sein Herz leuchtete
aus seinen Augen, wie Bucks Herz leuchtete.

For a long time after his rescue, Buck did not like
Thornton to get out of his sight.

7.1

Lange Zeit nach seiner Rettung mochte Buck Thornton
nicht aus den Augen lassen.

7.2 **From the moment he left the tent to when he entered it again, Buck would follow at his heels.**

Von dem Moment an, in dem er das Zelt verließ, bis zu dem Moment, in dem er es wieder betrat, folgte Buck ihm auf den Fersen.

7.3 **His transient masters since he had come into the Northland had bred in him a fear that no master could be permanent.**

Seine vorübergehenden Herren, seit er ins Nordland gekommen war, hatten in ihm die Furcht geweckt, dass kein Herr von Dauer sein könnte.

7.4 **He was afraid that Thornton would pass out of his life as Perrault and François and the Scotch half-breed had passed out.**

Er hatte Angst, dass Thornton aus seinem Leben verschwinden würde, so wie Perrault und François und das schottische Halbblut verschwunden waren.

7.5 **Even in the night, in his dreams, he was haunted by this fear.**

Sogar in der Nacht, in seinen Träumen, wurde er von dieser Angst heimgesucht.

7.6 **At such times he would shake off sleep and creep through the chill to the flap of the tent,**

Zu solchen Zeiten schüttelte er den Schlaf ab und schlich durch die Kälte zur Zeltklappe,

7.7 **where he would stand and listen to the sound of his master's breathing.**

wo er stand und dem Atem seines Herrn lauschte.

But in spite of this great love he bore John Thornton,   8.1
which seemed to bespeak the soft civilizing influence,
the strain of the primitive, which the Northland had
aroused in him, remained alive and active.

Aber trotz dieser großen Liebe, die er John Thornton
entgegenbrachte und die von dem sanften zivilisatorischen
Einfluss zu zeugen schien, blieb der Zug des Primitiven, den
das Nordland in ihm geweckt hatte, lebendig und aktiv.

Faithfulness and devotion, things born of fire and   8.2
roof, were his;

Treue und Hingabe, Dinge, die aus Feuer und Dach geboren
wurden, waren seine;

yet he retained his wildness and wiliness.   8.3

dennoch behielt er seine Wildheit und seinen Eigensinn.

He was a thing of the wild, come in from the wild   8.4
to sit by John Thornton's fire, rather than a dog
of the soft Southland stamped with the marks of
generations of civilization.

Er war eher ein Wildfang, der aus der Wildnis kam, um am
Feuer von John Thornton zu sitzen, als ein Hund aus dem
weichen Südland, der mit den Spuren von Generationen
der Zivilisation gezeichnet war.

Because of his very great love, he could not steal from   8.5
this man, but from any other man, in any other camp,
he did not hesitate an instant;

Wegen seiner großen Liebe konnte er diesen Mann nicht
bestehlen, aber bei jedem anderen Mann, in jedem anderen
Lager, zögerte er keinen Augenblick;

while the cunning with which he stole enabled him   8.6
to escape detection.

und die Gerissenheit, mit der er stahl, ermöglichte es ihm,
unentdeckt zu bleiben.

9.1 His face and body were scored by the teeth of many dogs,

Sein Gesicht und sein Körper waren von den Zähnen vieler Hunde zerkratzt,

9.2 and he fought as fiercely as ever and more shrewdly.

und er kämpfte so heftig wie immer und noch gewitzter.

9.3 Skeet and Nig were too good-natured for quarrelling, -

Skeet und Nig waren zu gutmütig, um sich zu streiten, -

9.4 besides, they belonged to John Thornton;

außerdem, gehörten sie zu John Thornton;

9.5 but the strange dog, no matter what the breed or valor, swiftly acknowledged Buck's supremacy or found himself struggling for life with a terrible antagonist.

aber der fremde Hund, egal welcher Rasse oder Tapferkeit, erkannte schnell Bucks Vorherrschaft an oder sah sich einem schrecklichen Gegner gegenüber, der um sein Leben kämpfte.

9.6 And Buck was merciless.

Und Buck war erbarmungslos.

9.7 He had learned well the law of club and fang, and he never forewent an advantage or drew back from a foe he had started on the way to Death.

Er hatte das Gesetz von Keule und Reißzahn gut gelernt, und er verzichtete nie auf einen Vorteil oder wich vor einem Feind zurück, den er auf dem Weg in den Tod begonnen hatte.

He had lessoned from Spitz, and from the chief fighting dogs of the police and mail, and knew there was no middle course. 9.8

Er hatte von Spitz und von den wichtigsten Kampfhunden der Polizei und der Post gelernt und wusste, dass es keinen Mittelweg gab.

He must master or be mastered; while to show mercy was a weakness. 9.9

Er musste beherrschen oder beherrscht werden, und Gnade zu zeigen war eine Schwäche.

Mercy did not exist in the primordial life. 9.10

Barmherzigkeit gab es im ursprünglichen Leben nicht.

It was misunderstood for fear, 9.11

Sie wurde als Angst missverstanden,

and such misunderstandings made for death. 9.12

und solche Missverständnisse führten zum Tod.

Kill or be killed, eat or be eaten, was the law; and this mandate, down out of the depths of Time, he obeyed. 9.13

Töten oder getötet werden, fressen oder gefressen werden, das war das Gesetz, und diesem Befehl aus den Tiefen der Zeit gehorchte er.

He was older than the days he had seen and the breaths he had drawn. 10.1

Er war älter als die Tage, die er gesehen und die Atemzüge, die er getan hatte.

10.2 He linked the past with the present, and the eternity behind him throbbed through him in a mighty rhythm to which he swayed as the tides and seasons swayed.

Er verband die Vergangenheit mit der Gegenwart, und die Ewigkeit hinter ihm pochte durch ihn in einem mächtigen Rhythmus, in dem er sich wie die Gezeiten und Jahreszeiten wiegte.

10.3 He sat by John Thornton's fire, a broad-breasted dog, white-fanged and long-furred;

Er saß am Feuer von John Thornton, ein breitbrüstiger Hund, mit weißen Zähnen und langem Fell;

10.4 but behind him were the shades of all manner of dogs, half-wolves and wild wolves, urgent and prompting, tasting the savor of the meat he ate, thirsting for the water he drank, scenting the wind with him, listening with him and telling him the sounds made by the wild life in the forest, dictating his moods, directing his actions, lying down to sleep with him when he lay down, and dreaming with him and beyond him and becoming themselves the stuff of his dreams.

Aber hinter ihm waren die Schatten aller Arten von Hunden, Halbwölfe und wilde Wölfe, die ihn drängten und anspornten, die den Geschmack des Fleisches schmeckten, das er aß, die nach dem Wasser dürsteten, das er trank, die mit ihm den Wind witterten, die mit ihm lauschten und ihm die Geräusche sagten, die das wilde Leben im Wald machte, die ihm seine Stimmungen diktierten, seine Handlungen lenkten, die sich mit ihm zum Schlafen hinlegten, wenn er sich hinlegte, und die mit ihm und über ihn hinaus träumten und selbst der Stoff seiner Träume wurden.

So peremptorily did these shades beckon him,   11.1

Diese Schatten lockten ihn so eindringlich,

that each day mankind and the claims of mankind   11.2
slipped farther from him.

dass ihm die Menschheit und die Ansprüche der
Menschheit jeden Tag weiter entglitten.

Deep in the forest a call was sounding, and as often as   11.3
he heard this call, mysteriously thrilling and luring,
he felt compelled to turn his back upon the fire and
the beaten earth around it, and to plunge into the
forest, and on and on, he knew not where or why;

Tief im Wald ertönte ein Ruf, und so oft er diesen Ruf hörte,
der ihn auf geheimnisvolle Weise erregte und lockte, fühlte
er sich gezwungen, dem Feuer und der geschlagenen Erde
um es herum den Rücken zu kehren und in den Wald zu
stürzen, und immer weiter, er wusste nicht, wohin oder
warum;

nor did he wonder where or why, the call sounding   11.4
imperiously, deep in the forest.

er fragte sich auch nicht, wohin oder warum, der Ruf
ertönte gebieterisch, tief im Wald.

But as often as he gained the soft unbroken earth and   11.5
the green shade, the love for John Thornton drew
him back to the fire again.

Aber so oft er die weiche, ungebrochene Erde und den
grünen Schatten erreichte, zog ihn die Liebe zu John
Thornton wieder zum Feuer zurück.

Thornton alone held him.   12.1

Thornton allein hielt ihn fest.

The rest of mankind was as nothing.   12.2

Der Rest der Menschheit war ihm gleichgültig.

12.3 Chance travellers might praise or pet him; but he was cold under it all, and from a too demonstrative man he would get up and walk away.

Zufällige Reisende mochten ihn loben oder streicheln, aber das alles ließ ihn kalt, und bei einem zu demonstrativen Mann stand er auf und ging weg.

12.4 When Thornton's partners, Hans and Pete, arrived on the long-expected raft, Buck refused to notice them till he learned they were close to Thornton;

Als Thorntons Partner, Hans und Pete, auf dem lang erwarteten Floß ankamen, weigerte sich Buck, sie zu bemerken, bis er erfuhr, dass sie Thornton nahe standen;

12.5 after that he tolerated them in a passive sort of way, accepting favors from them as though he favored them by accepting.

danach tolerierte er sie in einer passiven Art und Weise und nahm Gefallen von ihnen an, als ob er sie dadurch begünstigte, dass er sie annahm.

12.6 They were of the same large type as Thornton, living close to the earth, thinking simply and seeing clearly;

Sie waren vom gleichen großen Typ wie Thornton, lebten nahe an der Erde, dachten einfach und sahen klar;

12.7 and ere they swung the raft into the big eddy by the saw-mill at Dawson, they understood Buck and his ways, and did not insist upon an intimacy such as obtained with Skeet and Nig.

und bevor sie das Floß in den großen Strudel bei der Sägemühle in Dawson schwenkten, verstanden sie Buck und seine Gewohnheiten und bestanden nicht auf einer Intimität, wie sie mit Skeet und Nig bestand.

For Thornton, however, his love seemed to grow and grow.   13.1

Für Thornton jedoch schien seine Liebe zu wachsen und zu wachsen.

He, alone among men, could put a pack upon Buck's back in the summer travelling.   13.2

Er, der Einzige unter den Männern, konnte Buck im Sommer auf Reisen einen Rucksack auf den Rücken legen.

Nothing was too great for Buck to do, when Thornton commanded.   13.3

Nichts war Buck zu groß, um es zu tun, wenn Thornton es befahl.

One day (they had grub-staked themselves from the proceeds of the raft and left Dawson for the head-waters of the Tanana) the men and dogs were sitting on the crest of a cliff which fell away, straight down, to naked bed-rock three hundred feet below.   13.4

Eines Tages (sie hatten sich von den Erträgen des Floßes ernährt und verließen Dawson in Richtung des Oberlaufs des Tanana) saßen die Männer und Hunde auf dem Kamm einer Klippe, die geradewegs in den nackten Felsen dreihundert Fuß tiefer abfiel.

John Thornton was sitting near the edge,   13.5

John Thornton saß in der Nähe der Kante,

Buck at his shoulder.   13.6

Buck an seiner Schulter.

A thoughtless whim seized Thornton, and he drew the attention of Hans and Pete to the experiment he had in mind.   13.7

Eine unbedachte Laune ergriff Thornton, und er machte Hans und Pete auf das Experiment aufmerksam, das er vorhatte.

13.8 **"Jump, Buck!"**
"Spring, Buck!"

13.9 **he commanded, sweeping his arm out and over the chasm.**
befahl er und streckte den Arm über den Abgrund aus.

13.10 **The next instant he was grappling with Buck on the extreme edge,**
Im nächsten Augenblick hielt er Buck am äußersten Rand fest,

13.11 **while Hans and Pete were dragging them back into safety.**
während Hans und Pete sie zurück in Sicherheit zogen.

14.1 **"It's uncanny," Pete said,**
"Es ist unheimlich," sagte Pete,

14.2 **after it was over and they had caught their speech.**
nachdem es vorbei war und sie sich wieder gefangen hatten.

15.1 **Thornton shook his head.**
Thornton schüttelte den Kopf.

15.2 **"No, it is splendid, and it is terrible, too.**
"Nein, es ist herrlich, und es ist auch schrecklich.

15.3 **Do you know, it sometimes makes me afraid."**
Wissen Sie, manchmal macht es mir Angst."

16.1 **"I'm not hankering to be the man that lays hands on you while he's around,"**
"Ich habe keine Lust, der Mann zu sein, der Hand an dich legt, wenn er dabei ist,"

Pete announced conclusively, nodding his head toward Buck. 16.2

erklärte Pete abschließend und nickte Buck zu.

"Py Jingo!" was Hans's contribution. 17.1

"Py Jingo!" war der Beitrag von Hans.

"Not mineself either." 17.2

"Ich selbst auch nicht."

It was at Circle City, ere the year was out, that Pete's apprehensions were realized. 18.1

Noch bevor das Jahr zu Ende war, wurden Petes Befürchtungen in Circle City wahr.

"Black" 18.2

"Black"

Burton, a man evil-tempered and malicious, had been picking a quarrel with a tenderfoot at the bar, when Thornton stepped good-naturedly between. 18.3

Burton, ein Mann mit bösem Temperament und Boshaftigkeit, hatte sich an der Bar einen Streit mit einem Frischling geliefert, als Thornton gutmütig dazwischen ging.

Buck, as was his custom, was lying in a corner, head on paws, watching his master's every action. 18.4

Buck lag, wie es seine Gewohnheit war, in einer Ecke, den Kopf auf die Pfoten gestützt, und beobachtete alles, was sein Herrchen tat.

Burton struck out, without warning, straight from the shoulder. 18.5

Burton schlug zu, ohne Vorwarnung, direkt aus der Schulter.

18.6 **Thornton was sent spinning,**

Thornton wurde herumgeschleudert und konnte sich nur dadurch vor dem Sturz retten,

18.7 **and saved himself from falling only by clutching the rail of the bar.**

dass er sich am Geländer der Bar festhielt.

19.1 **Those who were looking on heard what was neither bark nor yelp, but a something which is best described as a roar, and they saw Buck's body rise up in the air as he left the floor for Burton's throat.**

Diejenigen, die zusahen, hörten etwas, das weder ein Bellen noch ein Kläffen war, sondern etwas, das man am besten als Brüllen beschreiben kann, und sie sahen, wie sich Bucks Körper in die Luft erhob, als er den Boden verließ und Burton an die Kehle ging.

19.2 **The man saved his life by instinctively throwing out his arm, but was hurled backward to the floor with Buck on top of him.**

Der Mann rettete sein Leben, indem er instinktiv den Arm ausstreckte, wurde aber rückwärts auf den Boden geschleudert, wobei Buck auf ihm landete.

19.3 **Buck loosed his teeth from the flesh of the arm and drove in again for the throat.**

Buck löste seine Zähne aus dem Fleisch des Arms und stieß erneut nach der Kehle.

19.4 **This time the man succeeded only in partly blocking, and his throat was torn open.**

Diesmal gelang es dem Mann nur teilweise, sich zu wehren, und seine Kehle wurde aufgerissen.

Then the crowd was upon Buck, and he was driven off;

19.5

Dann stürzte sich die Menge auf Buck, und er wurde vertrieben;

but while a surgeon checked the bleeding, he prowled up and down, growling furiously, attempting to rush in, and being forced back by an array of hostile clubs.

19.6

doch während ein Chirurg die Blutung stillte, lief er auf und ab, knurrte wütend, versuchte, sich auf den Mann zu stürzen, und wurde von einer Reihe feindlicher Knüppel zurückgedrängt.

A "miners' meeting," called on the spot, decided that the dog had sufficient provocation, and Buck was discharged.

19.7

Eine an Ort und Stelle einberufene "Bergarbeiterversammlung" entschied, dass der Hund ausreichend provoziert worden war, und Buck wurde entlassen.

But his reputation was made,

19.8

Aber er war bekannt geworden,

and from that day his name spread through every camp in Alaska.

19.9

und von diesem Tag an verbreitete sich sein Name in jedem Lager in Alaska.

Later on, in the fall of the year, he saved John Thornton's life in quite another fashion.

20.1

Später, im Herbst des Jahres, rettete er John Thornton auf ganz andere Weise das Leben.

20.2 The three partners were lining a long and narrow poling-boat down a bad stretch of rapids on the Forty-Mile Creek.

Die drei Partner fuhren mit einem langen und schmalen Poling-Boot eine schlimme Stromschnelle auf dem Forty-Mile Creek hinunter.

20.3 Hans and Pete moved along the bank, snubbing with a thin Manila rope from tree to tree, while Thornton remained in the boat, helping its descent by means of a pole, and shouting directions to the shore.

Hans und Pete bewegten sich am Ufer entlang und seilten sich mit einem dünnen Manila-Seil von Baum zu Baum ab, während Thornton im Boot blieb, mit einer Stange den Abstieg erleichterte und Anweisungen zum Ufer rief.

20.4 Buck, on the bank, worried and anxious, kept abreast of the boat, his eyes never off his master.

Buck, der sich am Ufer befand, war besorgt und ängstlich und behielt das Boot im Auge, wobei er seinen Herrn nie aus den Augen ließ.

21.1 At a particularly bad spot, where a ledge of barely submerged rocks jutted out into the river, Hans cast off the rope, and, while Thornton poled the boat out into the stream, ran down the bank with the end in his hand to snub the boat when it had cleared the ledge.

An einer besonders gefährlichen Stelle, wo ein Felsvorsprung in den Fluss ragte, warf Hans das Seil ab und lief, während Thornton das Boot in den Fluss stieß, mit dem Ende in der Hand das Ufer hinunter, um das Boot zu stoßen, wenn es den Felsvorsprung hinter sich gelassen hatte.

This it did, and was flying down-stream in a current as swift as a mill-race, when Hans checked it with the rope and checked too suddenly.

21.2

Das tat es auch und flog in einer Strömung, die so schnell war wie ein Mühlgraben, stromabwärts, als Hans es mit dem Seil bremste und zu plötzlich bremste.

The boat flirted over and snubbed in to the bank bottom up, while Thornton, flung sheer out of it, was carried down-stream toward the worst part of the rapids, a stretch of wild water in which no swimmer could live.

21.3

Das Boot überschlug sich und stieß mit dem Boden an das Ufer, während Thornton, der aus dem Boot geschleudert wurde, stromabwärts zum schlimmsten Teil der Stromschnellen getragen wurde, einem Abschnitt wilden Wassers, in dem kein Schwimmer überleben konnte.

Buck had sprung in on the instant; and at the end of three hundred yards, amid a mad swirl of water, he overhauled Thornton.

22.1

Buck war sofort aufgesprungen, und nach dreihundert Metern überholte er Thornton in einem wilden Wasserwirbel.

When he felt him grasp his tail, Buck headed for the bank, swimming with all his splendid strength.

22.2

Als er spürte, dass dieser ihn am Schwanz packte, schwamm Buck mit all seiner großartigen Kraft auf das Ufer zu.

But the progress shoreward was slow; the progress down-stream amazingly rapid.

22.3

Aber das Vorankommen am Ufer war langsam, das Vorankommen stromabwärts erstaunlich schnell.

22.4   From below came the fatal roaring where the wild current went wilder and was rent in shreds and spray by the rocks which thrust through like the teeth of an enormous comb.

Von unten kam das verhängnisvolle Tosen, wo die wilde Strömung wilder wurde und von den Felsen, die wie die Zähne eines riesigen Kammes durchstießen, in Fetzen und Gischt zerrissen wurde.

22.5   The suck of the water as it took the beginning of the last steep pitch was frightful, and Thornton knew that the shore was impossible.

Das Saugen des Wassers am Beginn der letzten steilen Steigung war furchtbar, und Thornton wusste, dass das Ufer unmöglich zu erreichen war.

22.6   He scraped furiously over a rock, bruised across a second, and struck a third with crushing force.

Wütend schabte er über einen Felsen, stieß gegen einen zweiten und schlug mit voller Wucht gegen einen dritten.

22.7   He clutched its slippery top with both hands, releasing Buck, and above the roar of the churning water shouted:

Er umklammerte den glitschigen Gipfel mit beiden Händen, ließ Buck los und schrie über das Tosen des aufgewühlten Wassers hinweg:

22.8   "Go, Buck! Go!"

"Los, Buck! Los!"

23.1   Buck could not hold his own, and swept on downstream, struggling desperately, but unable to win back.

Buck konnte sich nicht halten und trieb flussabwärts, wobei er verzweifelt kämpfte, aber nicht zurückgewinnen konnte.

When he heard Thornton's command repeated, he partly reared out of the water, throwing his head high, as though for a last look, then turned obediently toward the bank.

23.2

Als er die Wiederholung von Thorntons Kommando hörte, bäumte er sich teilweise aus dem Wasser auf, warf den Kopf hoch, als wolle er einen letzten Blick werfen, und wandte sich dann gehorsam dem Ufer zu.

He swam powerfully and was dragged ashore by Pete and Hans at the very point where swimming ceased to be possible and destruction began.

23.3

Er schwamm kraftvoll und wurde von Pete und Hans genau an der Stelle an Land gezogen, an der Schwimmen nicht mehr möglich war und die Zerstörung begann.

They knew that the time a man could cling to a slippery rock in the face of that driving current was a matter of minutes, and they ran as fast as they could up the bank to a point far above where Thornton was hanging on.

24.1

Sie wussten, dass die Zeit, in der sich ein Mann angesichts der treibenden Strömung an einem glitschigen Felsen festhalten konnte, nur wenige Minuten betrug, und sie rannten so schnell sie konnten das Ufer hinauf bis zu einer Stelle weit oberhalb der Stelle, an der Thornton hing.

They attached the line with which they had been snubbing the boat to Buck's neck and shoulders, being careful that it should neither strangle him nor impede his swimming, and launched him into the stream.

24.2

Sie befestigten die Leine, mit der sie das Boot festgemacht hatten, an Bucks Hals und Schultern, wobei sie darauf achteten, dass sie ihn weder strangulierte noch beim Schwimmen behinderte, und warfen ihn in den Strom.

24.3 He struck out boldly, but not straight enough into the stream.

Er schlug kühn aus, aber nicht gerade genug in den Strom.

24.4 He discovered the mistake too late, when Thornton was abreast of him and a bare half-dozen strokes away while he was being carried helplessly past.

Er bemerkte den Fehler zu spät, als Thornton neben ihm war und nur ein halbes Dutzend Schläge von ihm entfernt war, während er hilflos vorbeigetragen wurde.

25.1 Hans promptly snubbed with the rope,

Hans stieß sofort mit dem Seil zu,

25.2 as though Buck were a boat.

als ob Buck ein Boot wäre.

25.3 The rope thus tightening on him in the sweep of the current, he was jerked under the surface, and under the surface he remained till his body struck against the bank and he was hauled out.

Das Seil straffte sich in der Strömung, und er wurde unter die Oberfläche gerissen, wo er blieb, bis sein Körper gegen das Ufer schlug und er herausgezogen wurde.

25.4 He was half drowned, and Hans and Pete threw themselves upon him, pounding the breath into him and the water out of him.

Er war halb ertrunken, und Hans und Pete stürzten sich auf ihn und prügelten den Atem in ihn hinein und das Wasser aus ihm heraus.

25.5 He staggered to his feet and fell down.

Er taumelte auf die Füße und fiel hin.

The faint sound of Thornton's voice came to them, and though they could not make out the words of it, they knew that he was in his extremity.

25.6

Der schwache Klang von Thorntons Stimme drang zu ihnen, und obwohl sie die Worte nicht verstehen konnten, wussten sie, dass er in seiner Not war.

His master's voice acted on Buck like an electric shock, He sprang to his feet and ran up the bank ahead of the men to the point of his previous departure.

25.7

Die Stimme seines Herrn wirkte auf Buck wie ein elektrischer Schlag, Er sprang auf und rannte vor den Männern das Ufer hinauf zu der Stelle, an der er zuvor losgegangen war.

Again the rope was attached and he was launched, and again he struck out, but this time straight into the stream.

26.1

Wieder wurde das Seil befestigt und er wurde gestartet, und wieder schlug er aus, aber diesmal direkt in den Strom.

He had miscalculated once,

26.2

Er hatte sich einmal verrechnet,

but he would not be guilty of it a second time.

26.3

aber ein zweites Mal würde er sich nicht mehr verrechnen.

Hans paid out the rope, permitting no slack, while Pete kept it clear of coils.

26.4

Hans spannte das Seil, ohne es durchhängen zu lassen, während Pete es von Windungen freihielt.

Buck held on till he was on a line straight above Thornton;

26.5

Buck hielt sich fest, bis er sich direkt über Thornton befand;

26.6 **then he turned, and with the speed of an express train headed down upon him.**

dann wendete er und raste mit der Geschwindigkeit eines Schnellzugs auf ihn zu.

26.7 **Thornton saw him coming, and, as Buck struck him like a battering ram, with the whole force of the current behind him, he reached up and closed with both arms around the shaggy neck.**

Thornton sah ihn kommen, und als Buck mit der ganzen Kraft der Strömung hinter ihm wie ein Rammbock auf ihn einschlug, griff er nach oben und schloss beide Arme um den zotteligen Hals.

26.8 **Hans snubbed the rope around the tree,**

Hans riss das Seil um den Baum,

26.9 **and Buck and Thornton were jerked under the water.**

und Buck und Thornton wurden mit einem Ruck unter das Wasser gezogen.

26.10 **Strangling, suffocating, sometimes one uppermost and sometimes the other, dragging over the jagged bottom, smashing against rocks and snags, they veered in to the bank.**

Würgend, erstickend, mal der eine oben, mal der andere, über den zerklüfteten Grund schleifend, gegen Felsen und Baumstümpfe prallend, drehten sie sich zum Ufer hin.

27.1 **Thornton came to, belly downward and being violently propelled back and forth across a drift log by Hans and Pete.**

Thornton kam zu sich, mit dem Bauch nach unten, und wurde von Hans und Pete heftig über einen Treibholzstamm hin und her geschleudert.

His first glance was for Buck, over whose limp and apparently lifeless body Nig was setting up a howl, while Skeet was licking the wet face and closed eyes.

27.2

Sein erster Blick galt Buck, über dessen schlaffen und scheinbar leblosen Körper Nig ein Heulen ausstieß, während Skeet über das nasse Gesicht und die geschlossenen Augen leckte.

Thornton was himself bruised and battered, and he went carefully over Buck's body, when he had been brought around, finding three broken ribs.

27.3

Thornton war selbst geprellt und zerschlagen, und als er Bucks Körper vorsichtig untersucht hatte, fand er drei gebrochene Rippen.

"That settles it," he announced.

28.1

"Damit ist die Sache erledigt," verkündete er.

"We camp right here."

28.2

"Wir schlagen unser Lager genau hier auf."

And camp they did,

28.3

Und das taten sie auch,

till Buck's ribs knitted and he was able to travel.

28.4

bis Bucks Rippen knackten und er weiterreisen konnte.

That winter, at Dawson, Buck performed another exploit, not so heroic, perhaps, but one that put his name many notches higher on the totem-pole of Alaskan fame.

29.1

In jenem Winter vollbrachte Buck in Dawson eine weitere Heldentat, die vielleicht nicht ganz so heldenhaft war, aber seinen Namen auf dem Totempfahl des alaskischen Ruhmes weit nach oben brachte.

29.2 This exploit was particularly gratifying to the three men; for they stood in need of the outfit which it furnished, and were enabled to make a long-desired trip into the virgin East, where miners had not yet appeared.

Diese Heldentat war für die drei Männer besonders erfreulich, denn sie brauchten die Ausrüstung, die er ihnen verschaffte, um eine lang ersehnte Reise in den jungfräulichen Osten zu unternehmen, wo es noch keine Bergleute gab.

29.3 It was brought about by a conversation in the Eldorado Saloon,

Auslöser war ein Gespräch im Eldorado Saloon,

29.4 in which men waxed boastful of their favorite dogs.

bei dem die Männer mit ihren Lieblingshunden prahlten.

29.5 Buck, because of his record, was the target for these men, and Thornton was driven stoutly to defend him.

Buck war wegen seiner Leistungen die Zielscheibe dieser Männer, und Thornton musste ihn beherzt verteidigen.

29.6 At the end of half an hour one man stated that his dog could start a sled with five hundred pounds and walk off with it; a second bragged six hundred for his dog; and a third,

Nach einer halben Stunde erklärte ein Mann,

29.7 seven hundred.

sein Hund könne einen Schlitten mit fünfhundert Pfund anwerfen und damit davonlaufen; ein zweiter prahlte mit sechshundert Pfund für seinen Hund und ein dritter mit siebenhundert.

30.1 "Pooh! pooh!" said John Thornton;

"Puh! Puh!" sagte John Thornton;

"Buck can start a thousand pounds." 30.2

"Buck kann tausend Pfund anfangen."

"And break it out? and walk off with it for a hundred 31.1
yards?"

"Und es herausbrechen und damit hundert Meter weit
laufen?"

demanded Matthewson, a Bonanza King, he of the 31.2
seven hundred vaunt.

fragte Matthewson, ein Bonanza-König, der von den
siebenhundert Prahlern.

"And break it out, and walk off with it for a hundred 32.1
yards,"

"Und dann brechen Sie es heraus und laufen damit hundert
Meter weit weg,"

John Thornton said coolly. 32.2

sagte John Thornton kühl.

"Well," 33.1

"Nun,"

Matthewson said, slowly and deliberately, so that all 33.2
could hear,

sagte Matthewson langsam und bedächtig, so dass alle es
hören konnten,

"I've got a thousand dollars that says he can't. 33.3

"ich habe tausend Dollar, dass er es nicht kann.

And there it is." 33.4

Und hier sind sie."

33.5 So saying, he slammed a sack of gold dust of the size of a bologna sausage down upon the bar.

Mit diesen Worten knallte er einen Sack mit Goldstaub von der Größe einer Fleischwurst auf den Tresen.

34.1 Nobody spoke.

Niemand sprach.

34.2 Thornton's bluff, if bluff it was, had been called.

Thorntons Bluff, wenn es denn ein Bluff war, war aufgeflogen.

34.3 He could feel a flush of warm blood creeping up his face.

Er spürte, wie ihm das warme Blut ins Gesicht kroch.

34.4 His tongue had tricked him.

Seine Zunge hatte ihn getäuscht.

34.5 He did not know whether Buck could start a thousand pounds.

Er wusste nicht, ob Buck tausend Pfund aufbringen konnte.

34.6 Half a ton!

Eine halbe Tonne!

34.7 The enormousness of it appalled him.

Die Ungeheuerlichkeit der Sache entsetzte ihn.

34.8 He had great faith in Buck's strength and had often thought him capable of starting such a load;

Er hatte großes Vertrauen in Bucks Stärke und hatte ihm schon oft zugetraut, eine solche Last anzulassen;

but never, as now, had he faced the possibility of it, the eyes of a dozen men fixed upon him, silent and waiting. 34.9

aber noch nie hatte er so wie jetzt mit der Möglichkeit konfrontiert werden müssen, während die Augen von einem Dutzend Männern stumm und abwartend auf ihn gerichtet waren.

Further, 34.10

Außerdem hatte er keine tausend Dollar,

he had no thousand dollars; nor had Hans or Pete. 34.11

ebenso wenig wie Hans oder Pete.

"I've got a sled standing outside now, with twenty fiftypound sacks of flour on it," 35.1

"Ich habe draußen einen Schlitten stehen, auf dem zwanzig Fünfzig-Pfund-Säcke Mehl liegen,"

Matthewson went on with brutal directness; 35.2

fuhr Matthewson mit brutaler Direktheit fort,

"so don't let that hinder you." 35.3

"lassen Sie sich davon also nicht abhalten."

Thornton did not reply. 36.1

Thornton antwortete nicht.

He did not know what to say. 36.2

Er wusste nicht, was er sagen sollte.

36.3 He glanced from face to face in the absent way of a man who has lost the power of thought and is seeking somewhere to find the thing that will start it going again.

Er blickte von einem Gesicht zum anderen mit der abwesenden Art eines Mannes, der die Kraft des Denkens verloren hat und irgendwo das sucht, was ihn wieder in Gang bringt.

36.4 The face of Jim O'Brien, a Mastodon King and old-time comrade, caught his eyes.

Das Gesicht von Jim O'Brien, einem Mastodon King und Kameraden aus alten Zeiten, fiel ihm ins Auge.

36.5 It was as a cue to him,

Es war wie ein Wink mit dem Zaunpfahl und schien ihn zu etwas aufzurütteln,

36.6 seeming to rouse him to do what he would never have dreamed of doing.

was er sich nie hätte träumen lassen.

37.1 "Can you lend me a thousand?"

"Kannst du mir einen Tausender leihen?"

37.2 he asked, almost in a whisper.

fragte er fast flüsternd.

38.1 "Sure,"

"Sicher,"

38.2 answered O'Brien, thumping down a plethoric sack by the side of Matthewson's.

antwortete O'Brien und kippte einen prall gefüllten Sack neben den von Matthewson.

"Though it's little faith I'm having, John, that the
beast can do the trick." 38.3

"Obwohl ich wenig Vertrauen habe, John, dass die Bestie es
schaffen kann."

The Eldorado emptied its occupants into the street to
see the test. 39.1

Das Eldorado entleerte seine Insassen auf die Straße, um
den Test zu sehen.

The tables were deserted, and the dealers and
gamekeepers came forth to see the outcome of the
wager and to lay odds. 39.2

Die Tische waren menschenleer, und die Händler und
Wildhüter kamen heraus, um den Ausgang der Wette zu
sehen und Wetten abzuschließen.

Several hundred men, furred and mittened, banked
around the sled within easy distance. 39.3

Mehrere hundert Männer mit Fellen und Fäusten
versammelten sich um den Schlitten in unmittelbarer
Nähe.

Matthewson's sled, loaded with a thousand pounds of
flour, had been standing for a couple of hours, and in
the intense cold (it was sixty below zero) the runners
had frozen fast to the hard-packed snow. 39.4

Matthewsons Schlitten, der mit tausend Pfund Mehl
beladen war, stand schon seit ein paar Stunden, und die
Kufen waren bei der großen Kälte (es waren sechzig Grad
unter Null) auf dem harten Schnee festgefroren.

Men offered odds of two to one that Buck could not
budge the sled. 39.5

Die Wetten standen zwei zu eins, dass Buck den Schlitten
nicht bewegen konnte.

39.6 A quibble arose concerning the phrase "break out."
Über den Ausdruck "ausbrechen" entbrannte eine
Meinungsverschiedenheit."

39.7 O'Brien contended it was Thornton's privilege to
knock the runners loose, leaving Buck to "break it
out" from a dead standstill.
O'Brien behauptete, es sei Thorntons Privileg, die Kufen
loszuschlagen und Buck die Aufgabe zu überlassen, den
Schlitten aus dem Stillstand heraus "auszubrechen".

39.8 Matthewson insisted that the phrase included
breaking the runners from the frozen grip of the
snow.
Matthewson bestand darauf, dass die Formulierung auch
das Herausbrechen der Kufen aus dem gefrorenen Griff des
Schnees einschloss.

39.9 A majority of the men who had witnessed the making
of the bet decided in his favor, whereat the odds went
up to three to one against Buck.
Die Mehrheit der Männer, die dem Abschluss der Wette
beigewohnt hatten, entschied zu seinen Gunsten,
woraufhin die Quoten auf drei zu eins gegen Buck stiegen.

40.1 There were no takers.
Es gab keine Mitspieler.

40.2 Not a man believed him capable of the feat.
Keiner traute ihm dieses Kunststück zu.

Thornton had been hurried into the wager, heavy with doubt; and now that he looked at the sled itself, the concrete fact, with the regular team of ten dogs curled up in the snow before it, the more impossible the task appeared.   40.3

Thornton war von Zweifeln geplagt in die Wette hineingestürzt, und je mehr er den Schlitten selbst betrachtete, die konkrete Tatsache, mit dem regulären Gespann von zehn Hunden, die sich vor ihm im Schnee zusammengerollt hatten, desto unmöglicher erschien die Aufgabe.

Matthewson waxed jubilant.   40.4

Matthewson war überglücklich.

"Three to one!" he proclaimed.   41.1

"Drei zu eins!" verkündete er.

"I'll lay you another thousand at that figure, Thornton.   41.2

"Ich setze noch einen Tausender auf diese Zahl, Thornton.

What d'ye say?"   41.3

Was sagst du dazu?"

Thornton's doubt was strong in his face,   42.1

Thorntons Zweifel stand ihm ins Gesicht geschrieben,

but his fighting spirit was aroused -   42.2

aber sein Kampfgeist war geweckt -

42.3 the fighting spirit that soars above odds, fails to recognize the impossible, and is deaf to all save the clamor for battle.

der Kampfgeist, der sich über alle Widrigkeiten erhebt, der das Unmögliche nicht erkennt und der für alles taub ist, außer für den Kampfschrei.

42.4 He called Hans and Pete to him. Their sacks were slim,

Er rief Hans und Pete zu sich. Ihre Säcke waren schmal,

42.5 and with his own the three partners could rake together only two hundred dollars.

und mit seinen eigenen konnten die drei Partner nur zweihundert Dollar zusammenbringen.

42.6 In the ebb of their fortunes, this sum was their total capital;

In der Flaute ihres Vermögens war diese Summe ihr gesamtes Kapital;

42.7 yet they laid it unhesitatingly against Matthewson's six hundred.

dennoch legten sie es ohne zu zögern gegen Matthewsons sechshundert an.

43.1 The team of ten dogs was unhitched, and Buck, with his own harness, was put into the sled.

Das Gespann mit zehn Hunden wurde abgekoppelt, und Buck wurde mit seinem eigenen Geschirr in den Schlitten gesetzt.

43.2 He had caught the contagion of the excitement,

Er hatte sich von der Aufregung anstecken lassen und spürte,

and he felt that in some way he must do a great thing   43.3
for John Thornton.

dass er auf irgendeine Weise etwas Großes für John
Thornton tun musste.

Murmurs of admiration at his splendid appearance   43.4
went up.

Ein Raunen der Bewunderung über seine prächtige
Erscheinung erhob sich.

He was in perfect condition, without an ounce of   43.5
superfluous flesh, and the one hundred and fifty
pounds that he weighed were so many pounds of grit
and virility.

Er war in perfekter Verfassung, ohne ein Gramm
überflüssigen Fleisches, und die einhundertfünfzig
Pfund, die er wog, waren so viele Pfunde an Kraft und
Männlichkeit.

His furry coat shone with the sheen of silk.   43.6

Sein pelziges Fell glänzte mit dem Glanz von Seide.

Down the neck and across the shoulders, his mane, in   43.7
repose as it was, half bristled and seemed to lift with
every movement, as though excess of vigor made
each particular hair alive and active.

Seine Mähne, die im Nacken und auf den Schultern ruhte,
war halb gesträubt und schien sich bei jeder Bewegung zu
heben, als ob ein Übermaß an Vitalität jedes einzelne Haar
lebendig und aktiv machte.

The great breast and heavy fore legs were no more   43.8
than in proportion with the rest of the body,

Die große Brust und die schweren Vorderbeine standen in
keinem Verhältnis zum Rest des Körpers,

43.9 **where the muscles showed in tight rolls underneath the skin.**

wo sich die Muskeln in straffen Rollen unter der Haut zeigten.

43.10 **Men felt these muscles and proclaimed them hard as iron, and the odds went down to two to one.**

Die Männer fühlten diese Muskeln und erklärten, sie seien hart wie Eisen, und die Quoten gingen auf zwei zu eins zurück.

44.1 **"Gad, sir! Gad, sir!"**

"Mensch, Herr! Gad, Sir!"

44.2 **stuttered a member of the latest dynasty,**

stotterte ein Mitglied der neuesten Dynastie,

44.3 **a king of the Skookum Benches.**

ein König der Skookum Benches.

44.4 **"I offer you eight hundred for him, sir, before the test, sir;**

"Ich biete Ihnen achthundert für ihn, Sir, vor der Prüfung, Sir;

44.5 **eight hundred just as he stands."**

achthundert, so wie er steht."

45.1 **Thornton shook his head and stepped to Buck's side.**

Thornton schüttelte den Kopf und trat an Bucks Seite.

46.1 **"You must stand off from him," Matthewson protested.**

"Du musst dich von ihm fernhalten," protestierte Matthewson.

"Free play and plenty of room." 46.2

"Freies Spiel und viel Platz."

The crowd fell silent; only could be heard the voices 47.1
of the gamblers vainly offering two to one.

Die Menge verstummte, nur die Stimmen der Spieler
waren zu hören, die vergeblich zwei zu eins boten.

Everybody acknowledged Buck a magnificent animal, 47.2
but twenty fifty-pound sacks of flour bulked too large
in their eyes for them to loosen their pouch-strings.

Jeder erkannte Buck als ein prächtiges Tier an, aber
zwanzig fünfzigpfündige Mehlsäcke waren in ihren Augen
zu groß, als dass sie ihre Beutelschnüre hätten lockern
können.

Thornton knelt down by Buck's side. 48.1

Thornton kniete neben Buck nieder.

He took his head in his two hands and rested cheek 48.2
on cheek.

Er nahm seinen Kopf in seine beiden Hände und legte
Wange an Wange.

He did not playfully shake him, as was his wont, or 48.3
murmur soft love curses; but he whispered in his ear.

Er schüttelte ihn nicht spielerisch, wie es seine Gewohnheit
war, oder murmelte leise Liebesflüche, sondern flüsterte
ihm ins Ohr.

"As you love me, Buck. As you love me," 48.4

"So wie du mich liebst, Buck. Wie du mich liebst,"

was what he whispered. Buck whined with 48.5
suppressed eagerness.

flüsterte er. Buck wimmerte vor unterdrückter Begierde.

49.1 **The crowd was watching curiously.**
Die Menge schaute neugierig zu.

49.2 **The affair was growing mysterious.**
Die Angelegenheit wurde immer mysteriöser.

49.3 **It seemed like a conjuration.**
Es schien wie eine Beschwörung zu sein.

49.4 **As Thornton got to his feet, Buck seized his mittened hand between his jaws, pressing in with his teeth and releasing slowly, half-reluctantly.**
Als Thornton aufstand, nahm Buck seine behandschuhte Hand zwischen die Kiefer, drückte sie mit den Zähnen ein und ließ sie langsam, halb widerwillig wieder los.

49.5 **It was the answer, in terms, not of speech, but of love.**
Das war die Antwort, nicht in Worten, sondern in Liebe.

49.6 **Thornton stepped well back.**
Thornton wich einen Schritt zurück.

50.1 **"Now, Buck," he said.**
"Jetzt, Buck," sagte er.

51.1 **Buck tightened the traces,**
Buck straffte die Züge,

51.2 **then slacked them for a matter of several inches.**
dann ließ er sie einige Zentimeter locker.

51.3 **It was the way he had learned.**
Das war die Art und Weise, die er gelernt hatte.

52.1 **"Gee!"**
"Oh je!"

Thornton's voice rang out, sharp in the tense silence.   52.2
Thorntons Stimme ertönte scharf in der angespannten
Stille.

Buck swung to the right,   53.1
Buck schwang nach rechts und beendete die Bewegung mit
einem Sturzflug,

ending the movement in a plunge that took up   53.2
the slack and with a sudden jerk arrested his one
hundred and fifty pounds.
der die Last aufnahm und mit einem plötzlichen Ruck seine
einhundertfünfzig Pfund festhielt.

The load quivered,   53.3
Die Last bebte,

and from under the runners arose a crisp crackling.   53.4
und unter den Kufen ertönte ein knackendes Knistern.

"Haw!" Thornton commanded.   54.1
"Haw!" befahl Thornton.

Buck duplicated the manœuvre, this time to the left.   55.1
Buck wiederholte das Manöver, dieses Mal nach links.

The crackling turned into a snapping, the sled   55.2
pivoting and the runners slipping and grating several
inches to the side.
Das Knacken ging in ein Schnappen über, der Schlitten
drehte sich, die Kufen rutschten ab und knirschten einige
Zentimeter zur Seite.

55.3 **The sled was broken out. Men were holding their breaths,**
Der Schlitten war ausgebrochen. Die Männer hielten den Atem an,

55.4 **intensely unconscious of the fact.**
ohne sich der Tatsache bewusst zu sein.

56.1 **"Now, MUSH!"**
"Jetzt, MUSH!"

57.1 **Thornton's command cracked out like a pistol-shot.**
Thorntons Befehl ertönte wie ein Pistolenschuss.

57.2 **Buck threw himself forward, tightening the traces with a jarring lunge.**
Buck warf sich nach vorne und zog mit einem rüttelnden Ausfallschritt die Spuren nach.

57.3 **His whole body was gathered compactly together in the tremendous effort,**
Sein ganzer Körper war bei der gewaltigen Anstrengung kompakt zusammengezogen,

57.4 **the muscles writhing and knotting like live things under the silky fur.**
die Muskeln zuckten und verknoteten sich wie lebendige Wesen unter dem seidigen Fell.

57.5 **His great chest was low to the ground, his head forward and down, while his feet were flying like mad, the claws scarring the hard-packed snow in parallel grooves.**
Sein großer Brustkorb lag tief am Boden, sein Kopf war nach vorne und unten gerichtet, während seine Füße wie wild umherflogen und die Krallen in parallelen Rillen in den harten Schnee kratzten.

The sled swayed and trembled, 57.6

Der Schlitten schwankte und zitterte,

half-started forward. One of his feet slipped, 57.7

er bewegte sich halb vorwärts. Einer seiner Füße
rutschte ab,

and one man groaned aloud. 57.8

und ein Mann stöhnte laut auf.

Then the sled lurched ahead in what appeared a rapid 57.9
succession of jerks, though it never really came to a
dead stop again ...half an inch ...an inch ...two inches
...The jerks perceptibly diminished; as the sled gained
momentum, he caught them up, till it was moving
steadily along.

Dann schlingerte der Schlitten in einer scheinbar raschen
Abfolge von Stößen vorwärts, kam aber nie wirklich zum
Stehen ...einen halben Zentimeter ...einen Zentimeter
...zwei Zentimeter ...Die Rucke ließen merklich nach, und
als der Schlitten an Schwung gewann, holte er sie wieder
ein, bis er sich gleichmäßig fortbewegte.

Men gasped and began to breathe again, unaware 58.1
that for a moment they had ceased to breathe.

Die Männer schnappten nach Luft und begannen wieder
zu atmen, ohne zu wissen, dass sie einen Moment lang
aufgehört hatten zu atmen.

Thornton was running behind, encouraging Buck 58.2
with short, cheery words.

Thornton lief hinterher und ermutigte Buck mit kurzen,
aufmunternden Worten.

58.3 **The distance had been measured off, and as he neared the pile of firewood which marked the end of the hundred yards, a cheer began to grow and grow, which burst into a roar as he passed the firewood and halted at command.**

Die Entfernung war abgemessen worden, und als er sich dem Feuerholzstapel näherte, der das Ende der hundert Yards markierte, wurde der Jubel immer lauter und steigerte sich zu einem Gebrüll, als er das Feuerholz passierte und auf Kommando stehen blieb.

58.4 **Every man was tearing himself loose, even Matthewson.**

Jeder Mann riss sich los, sogar Matthewson.

58.5 **Hats and mittens were flying in the air.**

Hüte und Handschuhe flogen durch die Luft.

58.6 **Men were shaking hands, it did not matter with whom, and bubbling over in a general incoherent babel.**

Die Männer schüttelten sich die Hände, egal mit wem, und sprudelten über in ein allgemeines, zusammenhangloses Geplapper.

59.1 **But Thornton fell on his knees beside Buck.**

Aber Thornton fiel neben Buck auf die Knie.

59.2 **Head was against head, and he was shaking him back and forth.**

Kopf gegen Kopf, und er schüttelte ihn hin und her.

Those who hurried up heard him cursing Buck, and he cursed him long and fervently, and softly and lovingly. 59.3

Diejenigen, die herbeieilten, hörten, wie er Buck verfluchte, und er verfluchte ihn lange und inbrünstig und leise und liebevoll.

"Gad, sir! Gad, sir!" 60.1

"Mein Gott, Herr! Mein Gott, Sir!"

spluttered the Skookum Bench king. 60.2

stotterte der Skookum Bench King.

"I'll give you a thousand for him, sir, a thousand, sir - 60.3

"Ich gebe Ihnen einen Tausender für ihn, Sir, einen Tausender, Sir -

twelve hundred, sir." 60.4

zwölfhundert, Sir."

Thornton rose to his feet. His eyes were wet. 61.1

Thornton erhob sich auf seine Füße. Seine Augen waren feucht.

The tears were streaming frankly down his cheeks. "Sir," 61.2

Die Tränen liefen ihm in Strömen über die Wangen. "Sir,"

he said to the Skookum Bench king, "no, sir. 61.3

sagte er zum Skookum Bench King, "nein, Sir.

You can go to hell, sir. 61.4

Sie können zur Hölle fahren, Sir.

It's the best I can do for you, sir." 61.5

Das ist das Beste, was ich für Sie tun kann, Sir."

62.1 **Buck seized Thornton's hand in his teeth.**
Buck packte Thorntons Hand zwischen seinen Zähnen.

62.2 **Thornton shook him back and forth.**
Thornton schüttelte sie hin und her.

62.3 **As though animated by a common impulse,**
Wie von einem gemeinsamen Impuls beseelt,

62.4 **the onlookers drew back to a respectful distance;**
zogen sich die Schaulustigen in respektvollem Abstand
zurück;

62.5 **nor were they again indiscreet enough to interrupt.**
noch waren sie indiskret genug, um zu stören.

Chapter VII. The Sounding of the Call

Kapitel VII. Das Ertönen des Rufs

1.1 When Buck earned sixteen hundred dollars in five minutes for John Thornton, he made it possible for his master to pay off certain debts and to journey with his partners into the East after a fabled lost mine, the history of which was as old as the history of the country.

Als Buck in fünf Minuten sechzehnhundert Dollar für John Thornton verdiente, ermöglichte er es seinem Herrn, einige Schulden zu begleichen und mit seinen Partnern in den Osten zu reisen, um eine sagenumwobene verlorene Mine zu suchen, deren Geschichte so alt war wie die Geschichte des Landes.

1.2 Many men had sought it; few had found it; and more than a few there were who had never returned from the quest.

Viele Männer hatten sie gesucht, nur wenige hatten sie gefunden, und nicht wenige kehrten von der Suche nicht zurück.

This lost mine was steeped in tragedy and shrouded in mystery. 1.3

Diese verlorene Mine war von einer Tragödie durchdrungen und von Geheimnissen umhüllt.

No one knew of the first man. 1.4

Niemand wusste, wer der erste Mann war.

The oldest tradition stopped before it got back to him. 1.5

Die älteste Überlieferung hörte auf, bevor sie zu ihm zurückkehrte.

From the beginning there had been an ancient and ramshackle cabin. 1.6

Von Anfang an hatte es eine uralte, baufällige Hütte gegeben.

Dying men had sworn to it, and to the mine the site of which it marked, clinching their testimony with nuggets that were unlike any known grade of gold in the Northland. 1.7

Sterbende Männer hatten darauf und auf die Mine, deren Standort sie markierte, geschworen und ihr Zeugnis mit Nuggets untermauert, die sich von allen bekannten Goldsorten im Nordland unterschieden.

But no living man had looted this treasure house, 2.1

Aber kein lebender Mensch hatte diese Schatzkammer geplündert,

and the dead were dead; 2.2

und die Toten waren tot;

2.3 wherefore John Thornton and Pete and Hans, with Buck and half a dozen other dogs, faced into the East on an unknown trail to achieve where men and dogs as good as themselves had failed.

deshalb machten sich John Thornton und Pete und Hans mit Buck und einem halben Dutzend anderer Hunde auf einen unbekannten Pfad in den Osten auf, um zu erreichen, was Männer und Hunde, die so gut waren wie sie selbst, nicht geschafft hatten.

2.4 They sledded seventy miles up the Yukon, swung to the left into the Stewart River, passed the Mayo and the McQuestion, and held on until the Stewart itself became a streamlet, threading the upstanding peaks which marked the backbone of the continent.

Sie schlitten siebzig Meilen den Yukon hinauf, schwenkten nach links in den Stewart River, passierten den Mayo und den McQuestion und hielten durch, bis der Stewart selbst zu einem Flüsschen wurde und sich durch die aufragenden Gipfel schlängelte, die das Rückgrat des Kontinents bildeten.

3.1 John Thornton asked little of man or nature.

John Thornton verlangte wenig von Mensch und Natur.

3.2 He was unafraid of the wild.

Er hatte keine Angst vor der Wildnis.

3.3 With a handful of salt and a rifle he could plunge into the wilderness and fare wherever he pleased and as long as he pleased.

Mit einer Handvoll Salz und einem Gewehr konnte er sich in die Wildnis stürzen und sich dort aufhalten, wo er wollte und so lange er wollte.

Being in no haste, Indian fashion, he hunted his dinner in the course of the day's travel;   3.4

Da er es nicht eilig hatte, wie ein Indianer, jagte er sein Abendessen im Laufe des Tages;

and if he failed to find it, like the Indian, he kept on travelling, secure in the knowledge that sooner or later he would come to it.   3.5

und wenn er es nicht fand, reiste er wie ein Indianer weiter, in der Gewissheit, dass er es früher oder später finden würde.

So, on this great journey into the East, straight meat was the bill of fare, ammunition and tools principally made up the load on the sled, and the time-card was drawn upon the limitless future.   3.6

Auf dieser großen Reise in den Osten stand also nur Fleisch auf dem Speiseplan, Munition und Werkzeug bildeten die Hauptlast auf dem Schlitten, und die Zeitkarte war auf die unendliche Zukunft ausgerichtet.

To Buck it was boundless delight, this hunting, fishing, and indefinite wandering through strange places.   4.1

Für Buck war es ein grenzenloses Vergnügen, zu jagen, zu fischen und endlos durch fremde Gegenden zu wandern.

For weeks at a time they would hold on steadily, day after day; and for weeks upon end they would camp, here and there, the dogs loafing and the men burning holes through frozen muck and gravel and washing countless pans of dirt by the heat of the fire.   4.2

Wochenlang hielten sie ununterbrochen durch, Tag für Tag, und wochenlang lagerten sie hier und da, während die Hunde faulenzten und die Männer Löcher in den gefrorenen Schlamm und Kies brannten und in der Hitze des Feuers unzählige Schüsseln mit Erde wuschen.

4.3 **Sometimes they went hungry, sometimes they feasted riotously, all according to the abundance of game and the fortune of hunting.**

Manchmal hungerten sie, manchmal schlemmten sie ausgiebig, je nachdem, wie viel Wild sie hatten und wie viel Glück sie bei der Jagd hatten.

4.4 **Summer arrived, and dogs and men packed on their backs, rafted across blue mountain lakes, and descended or ascended unknown rivers in slender boats whipsawed from the standing forest.**

Der Sommer kam, und Hunde und Männer packten sich auf den Rücken, flößten über blaue Bergseen und fuhren in schlanken Booten, die aus dem stehenden Wald gepeitscht wurden, unbekannte Flüsse hinunter oder hinauf.

5.1 **The months came and went, and back and forth they twisted through the uncharted vastness, where no men were and yet where men had been if the Lost Cabin were true.**

Die Monate kamen und gingen, und hin und her schlängelten sie sich durch die unerforschten Weiten, wo keine Menschen waren und wo doch Menschen gewesen waren, wenn die Verlorene Hütte wahr war.

They went across divides in summer blizzards, 5.2
shivered under the midnight sun on naked
mountains between the timber line and the eternal
snows, dropped into summer valleys amid swarming
gnats and flies, and in the shadows of glaciers picked
strawberries and flowers as ripe and fair as any the
Southland could boast.

Sie überquerten Wasserscheiden in
Sommerschneestürmen, fröstelten unter der
Mitternachtssonne auf nackten Bergen zwischen der
Baumgrenze und dem ewigen Schnee, stürzten sich
in Sommertäler, in denen es von Mücken und Fliegen
wimmelte, und pflückten im Schatten von Gletschern
Erdbeeren und Blumen, die so reif und schön waren wie
alle, die das Südland aufzuweisen hatte.

In the fall of the year they penetrated a weird lake 5.3
country, sad and silent, where wildfowl had been,
but where then there was no life nor sign of life -

Im Herbst drangen sie in eine seltsame, traurige und stille
Seenlandschaft ein, wo früher Wildvögel gelebt hatten, wo
es aber kein Leben und keine Lebenszeichen gab -

only the blowing of chill winds, the forming of ice 5.4
in sheltered places, and the melancholy rippling of
waves on lonely beaches.

nur das Wehen kalter Winde, die Bildung von Eis an
geschützten Stellen und das melancholische Plätschern
der Wellen an einsamen Stränden.

And through another winter they wandered on the 6.1
obliterated trails of men who had gone before.

Und einen weiteren Winter lang wanderten sie auf den
verwischten Pfaden der Menschen, die vor ihnen gegangen
waren.

6.2 Once, they came upon a path blazed through the forest, an ancient path, and the Lost Cabin seemed very near.

Einmal stießen sie auf einen Pfad, der sich durch den Wald zog, einen uralten Pfad, und die Verlorene Hütte schien ganz nah zu sein.

6.3 But the path began nowhere and ended nowhere, and it remained mystery, as the man who made it and the reason he made it remained mystery.

Aber der Pfad begann nirgendwo und endete nirgendwo, und er blieb ein Geheimnis, so wie der Mann, der ihn angelegt hatte, und der Grund, warum er ihn angelegt hatte, ein Geheimnis blieben.

6.4 Another time they chanced upon the time-graven wreckage of a hunting lodge,

Ein anderes Mal stießen sie auf die von der Zeit gezeichneten Trümmer einer Jagdhütte,

6.5 and amid the shreds of rotted blankets John Thornton found a long-barrelled flint-lock.

und zwischen den Fetzen verrotteter Decken fand John Thornton ein langläufiges Steinschloss.

6.6 He knew it for a Hudson Bay Company gun of the young days in the Northwest, when such a gun was worth its height in beaver skins packed flat, And that was all -

Er wusste, dass es sich dabei um ein Gewehr der Hudson Bay Company aus den jungen Tagen des Nordwestens handelte, als ein solches Gewehr seinen Wert in flach verpackten Biberfellen hatte, und das war alles -

no hint as to the man who in an early day had reared
the lodge and left the gun among the blankets.

6.7

kein Hinweis auf den Mann, der die Hütte in früheren
Zeiten wieder aufgebaut und das Gewehr unter den Decken
zurückgelassen hatte.

Spring came on once more, and at the end of all their
wandering they found, not the Lost Cabin, but a
shallow placer in a broad valley where the gold
showed like yellow butter across the bottom of the
washing-pan.

7.1

Der Frühling kam wieder, und am Ende ihrer
Wanderschaft fanden sie nicht die Verlorene Hütte,
sondern eine seichte Goldwaschstelle in einem breiten
Tal, wo das Gold wie gelbe Butter auf dem Grund der
Waschpfanne lag.

They sought no farther.

7.2

Sie suchten nicht mehr weiter.

Each day they worked earned them thousands of
dollars in clean dust and nuggets, and they worked
every day.

7.3

Jeder Tag, an dem sie arbeiteten, brachte ihnen Tausende
von Dollar in sauberem Staub und Nuggets ein, und sie
arbeiteten jeden Tag.

The gold was sacked in moose-hide bags, fifty pounds
to the bag, and piled like so much firewood outside
the spruce-bough lodge.

7.4

Das Gold wurde in Säcke aus Elchleder gepackt, fünfzig
Pfund pro Sack, und vor der Hütte aus Fichtenholz
aufgestapelt wie viel Brennholz.

7.5 Like giants they toiled, days flashing on the heels of days like dreams as they heaped the treasure up.

Wie Giganten schufteten sie, Tage folgten auf Tage wie Träume, während sie den Schatz anhäuften.

8.1 There was nothing for the dogs to do, save the hauling in of meat now and again that Thornton killed, and Buck spent long hours musing by the fire.

Für die Hunde gab es nichts zu tun, außer ab und zu das Fleisch einzuschleppen, das Thornton erlegt hatte, und Buck verbrachte lange Stunden sinnierend am Feuer.

8.2 The vision of the short-legged hairy man came to him more frequently, now that there was little work to be done; and often, blinking by the fire, Buck wandered with him in that other world which he remembered.

Die Vision des kurzbeinigen, haarigen Mannes kam häufiger zu ihm, jetzt, wo es wenig Arbeit gab, und oft wanderte Buck, blinzelnd am Feuer, mit ihm in jene andere Welt, an die er sich erinnerte.

9.1 The salient thing of this other world seemed fear.

Das Wichtigste in dieser anderen Welt schien die Angst zu sein.

9.2 When he watched the hairy man sleeping by the fire, head between his knees and hands clasped above, Buck saw that he slept restlessly, with many starts and awakenings, at which times he would peer fearfully into the darkness and fling more wood upon the fire.

Wenn er den haarigen Mann beobachtete, der am Feuer schlief, den Kopf zwischen den Knien und die Hände über dem Kopf gefaltet, sah Buck, dass er unruhig schlief, mit vielen Aufbrüchen und Erwachungen, bei denen er ängstlich in die Dunkelheit blickte und mehr Holz auf das Feuer warf.

Did they walk by the beach of a sea, where the hairy man gathered shellfish and ate them as he gathered, it was with eyes that roved everywhere for hidden danger and with legs prepared to run like the wind at its first appearance. 9.3

Wenn sie am Strand eines Meeres entlanggingen, wo der haarige Mann Muscheln sammelte und sie aß, während er sie sammelte, dann mit Augen, die überall nach versteckten Gefahren Ausschau hielten, und mit Beinen, die bereit waren, wie der Wind zu rennen, sobald er auftauchte.

Through the forest they crept noiselessly, 9.4

Sie schlichen lautlos durch den Wald,

Buck at the hairy man's heels; 9.5

Buck an den Fersen des haarigen Mannes;

and they were alert and vigilant, the pair of them, ears twitching and moving and nostrils quivering, for the man heard and smelled as keenly as Buck. 9.6

und sie waren wachsam und aufmerksam, die beiden, die Ohren zuckten und bewegten sich und die Nasenlöcher bebten, denn der Mann hörte und roch genauso scharf wie Buck.

The hairy man could spring up into the trees and travel ahead as fast as on the ground, swinging by the arms from limb to limb, sometimes a dozen feet apart, letting go and catching, never falling, never missing his grip. 9.7

Der haarige Mann konnte in die Bäume springen und so schnell vorankommen wie auf dem Boden, er schwang sich an den Armen von Ast zu Ast, manchmal im Abstand von einem Dutzend Fuß, ließ los und fing sich wieder auf, fiel nie und verlor nie den Halt.

9.8 In fact, he seemed as much at home among the trees as on the ground; and Buck had memories of nights of vigil spent beneath trees wherein the hairy man roosted, holding on tightly as he slept.

In der Tat schien er in den Bäumen genauso zu Hause zu sein wie auf dem Boden, und Buck erinnerte sich an Nächte, in denen er unter Bäumen wachte, in denen der haarige Mann saß und sich im Schlaf festhielt.

10.1 And closely akin to the visions of the hairy man was the call still sounding in the depths of the forest.

Und eng verwandt mit den Visionen des haarigen Mannes war der Ruf, der immer noch in den Tiefen des Waldes erklang.

10.2 It filled him with a great unrest and strange desires.

Er erfüllte ihn mit einer großen Unruhe und seltsamen Sehnsüchten.

10.3 It caused him to feel a vague, sweet gladness, and he was aware of wild yearnings and stirrings for he knew not what.

Er empfand eine unbestimmte, süße Freude, und er spürte wilde Sehnsüchte und Regungen, von denen er nicht wusste, wonach.

10.4 Sometimes he pursued the call into the forest, looking for it as though it were a tangible thing, barking softly or defiantly, as the mood might dictate.

Manchmal folgte er dem Ruf in den Wald, suchte ihn, als wäre er greifbar, bellte leise oder trotzig, je nach Stimmung.

He would thrust his nose into the cool wood moss, or into the black soil where long grasses grew, and snort with joy at the fat earth smells; 10.5

Er steckte seine Nase in das kühle Waldmoos oder in die schwarze Erde, auf der lange Gräser wuchsen, und schnaubte vor Freude über den fetten Erdgeruch;

or he would crouch for hours, as if in concealment, behind fungus-covered trunks of fallen trees, wide-eyed and wide-eared to all that moved and sounded about him. 10.6

oder er kauerte stundenlang wie im Verborgenen hinter pilzbewachsenen Stämmen umgestürzter Bäume, mit großen Augen und weiten Ohren für alles, was sich um ihn herum bewegte und klang.

It might be, lying thus, that he hoped to surprise this call he could not understand. 10.7

Es mochte sein, dass er so lag und hoffte, diesen Ruf, den er nicht verstehen konnte, zu überraschen.

But he did not know why he did these various things. 10.8

Aber er wusste nicht, warum er diese verschiedenen Dinge tat.

He was impelled to do them, and did not reason about them at all. 10.9

Er wurde dazu getrieben und dachte nicht im Geringsten darüber nach.

Irresistible impulses seized him. 11.1

Er wurde von unwiderstehlichen Impulsen erfasst.

11.2 He would be lying in camp, dozing lazily in the heat of the day, when suddenly his head would lift and his ears cock up, intent and listening, and he would spring to his feet and dash away, and on and on, for hours, through the forest aisles and across the open spaces where the niggerheads bunched.

Er lag im Lager und döste träge in der Hitze des Tages, als er plötzlich den Kopf hob und die Ohren spitzte, aufmerksam und lauschend, und dann sprang er auf und rannte los, stundenlang, durch die Waldschneisen und über die offenen Flächen, wo sich die Negerköpfe versammelten.

11.3 He loved to run down dry watercourses, and to creep and spy upon the bird life in the woods.

Er liebte es, trockene Wasserläufe hinunterzulaufen, zu schleichen und das Vogelleben im Wald zu beobachten.

11.4 For a day at a time he would lie in the underbrush where he could watch the partridges drumming and strutting up and down.

Einen ganzen Tag lang lag er im Unterholz und beobachtete die Rebhühner, die trommelten und auf und ab stolzierten.

11.5 But especially he loved to run in the dim twilight of the summer midnights, listening to the subdued and sleepy murmurs of the forest, reading signs and sounds as man may read a book, and seeking for the mysterious something that called — called, waking or sleeping, at all times, for him to come.

Aber besonders liebte er es, im Dämmerlicht der Sommernächte zu laufen, dem gedämpften und schläfrigen Murmeln des Waldes zu lauschen, Zeichen und Geräusche zu lesen, wie ein Mensch ein Buch lesen kann, und nach dem geheimnisvollen Etwas zu suchen, das zu jeder Zeit, ob wach oder schlafend, nach ihm rief, um zu kommen.

One night he sprang from sleep with a start, eager-eyed, nostrils quivering and scenting, his mane bristling in recurrent waves. 12.1

Eines Nachts schreckte er mit großen Augen aus dem Schlaf auf, die Nüstern bebten und witterten, seine Mähne sträubte sich in immer wiederkehrenden Wellen.

From the forest came the call (or one note of it, for the call was many noted), distinct and definite as never before, — a long-drawn howl, like, yet unlike, any noise made by husky dog. 12.2

Aus dem Wald kam der Ruf (oder ein Ton davon, denn der Ruf war vielstimmig), so deutlich und klar wie nie zuvor, ein langgezogenes Heulen, wie und doch ganz anders als jedes Geräusch, das ein bissiger Hund macht.

And he knew it, in the old familiar way, as a sound heard before. 12.3

Und er erkannte es auf die altbekannte Weise als ein Geräusch, das er schon einmal gehört hatte.

He sprang through the sleeping camp and in swift silence dashed through the woods. 12.4

Er sprang durch das schlafende Lager und raste in rascher Stille durch den Wald.

As he drew closer to the cry he went more slowly, with caution in every movement, till he came to an open place among the trees, and looking out saw, erect on haunches, with nose pointed to the sky, a long, lean, timber wolf. 12.5

Je näher er dem Schrei kam, desto langsamer und vorsichtiger wurde er, bis er an eine offene Stelle zwischen den Bäumen kam und einen langen, mageren, hölzernen Wolf erblickte, der sich aufrichtete und seine Nase in den Himmel streckte.

13.1 He had made no noise, yet it ceased from its howling and tried to sense his presence.

Er hatte kein Geräusch gemacht, doch es hörte auf zu heulen und versuchte, seine Anwesenheit zu spüren.

13.2 Buck stalked into the open, half crouching, body gathered compactly together, tail straight and stiff, feet falling with unwonted care.

Buck pirschte sich ins Freie, halb kauernd, den Körper kompakt zusammengezogen, den Schwanz gerade und steif, die Füße mit ungewohnter Vorsicht fallend.

13.3 Every movement advertised commingled threatening and overture of friendliness.

Jede Bewegung kündete von einer Mischung aus Bedrohung und freundschaftlicher Ouvertüre.

13.4 It was the menacing truce that marks the meeting of wild beasts that prey.

Es war der bedrohliche Waffenstillstand, der das Zusammentreffen von wilden Tieren kennzeichnet, die Beute machen.

13.5 But the wolf fled at sight of him.

Doch der Wolf floh, als er ihn erblickte.

13.6 He followed, with wild leapings, in a frenzy to overtake.

Er folgte ihm mit wilden Sprüngen, um ihn zu überholen.

13.7 He ran him into a blind channel,

Er rannte ihn in einen blinden Kanal im Bachbett,

13.8 in the bed of the creek where a timber jam barred the way.

wo ein Holzstau den Weg versperrte.

The wolf whirled about, pivoting on his hind legs after the fashion of Joe and of all cornered husky dogs, snarling and bristling, clipping his teeth together in a continuous and rapid succession of snaps.

13.9

Der Wolf wirbelte herum, drehte sich auf den Hinterbeinen, wie es Joe und alle in die Enge getriebenen Schlittenhunde taten, knurrte und fletschte die Zähne in einer ununterbrochenen und schnellen Folge von Schnappern.

Buck did not attack,

14.1

Buck griff ihn nicht an,

but circled him about and hedged him in with friendly advances.

14.2

sondern umkreiste ihn und bedrängte ihn mit freundlichen Annäherungsversuchen.

The wolf was suspicious and afraid; for Buck made three of him in weight, while his head barely reached Buck's shoulder.

14.3

Der Wolf war misstrauisch und ängstlich, denn Buck war dreimal so schwer wie er, und sein Kopf reichte kaum bis zu Bucks Schulter.

Watching his chance, he darted away, and the chase was resumed.

14.4

Als er seine Chance witterte, flüchtete er, und die Verfolgung wurde fortgesetzt.

Time and again he was cornered, and the thing repeated, though he was in poor condition, or Buck could not so easily have overtaken him.

14.5

Immer wieder wurde er in die Enge getrieben, und die Sache wiederholte sich, obwohl er in schlechter Verfassung war, sonst hätte Buck ihn nicht so leicht einholen können.

14.6   He would run till Buck's head was even with his flank, when he would whirl around at bay, only to dash away again at the first opportunity.

Er rannte, bis Bucks Kopf seine Flanke berührte, dann wirbelte er in der Bucht herum, um bei der ersten Gelegenheit wieder davon zu rennen.

15.1   But in the end Buck's pertinacity was rewarded; for the wolf, finding that no harm was intended, finally sniffed noses with him.

Doch am Ende wurde Bucks Hartnäckigkeit belohnt, denn als der Wolf merkte, dass er ihm nichts Böses wollte, beschnupperte er ihn schließlich mit der Nase.

15.2   Then they became friendly, and played about in the nervous, half-coy way with which fierce beasts belie their fierceness.

Dann freundeten sie sich an und spielten auf die nervöse, halb schüchterne Art, mit der wilde Tiere ihre Wildheit verbergen.

15.3   After some time of this the wolf started off at an easy lope in a manner that plainly showed he was going somewhere.

Nach einiger Zeit setzte sich der Wolf in leichtem Galopp in Bewegung, und zwar in einer Weise, die deutlich zeigte, dass er irgendwohin wollte.

He made it clear to Buck that he was to come, and they ran side by side through the sombre twilight, straight up the creek bed, into the gorge from which it issued, and across the bleak divide where it took its rise.

15.4

Er gab Buck zu verstehen, dass er mitkommen sollte, und sie liefen Seite an Seite durch das düstere Zwielicht, geradewegs das Bachbett hinauf, in die Schlucht hinein, aus der er entspringt, und über die kahle Wasserscheide, wo er entspringt.

On the opposite slope of the watershed they came down into a level country where were great stretches of forest and many streams, and through these great stretches they ran steadily, hour after hour, the sun rising higher and the day growing warmer.

16.1

Am gegenüberliegenden Hang der Wasserscheide kamen sie in ein ebenes Land mit weiten Wäldern und vielen Bächen, und durch diese weiten Flächen liefen sie unaufhörlich, Stunde um Stunde, während die Sonne höher stieg und der Tag wärmer wurde.

Buck was wildly glad.

16.2

Buck war überglücklich.

He knew he was at last answering the call, running by the side of his wood brother toward the place from where the call surely came.

16.3

Er wusste, dass er endlich dem Ruf gefolgt war und an der Seite seines Waldbruders in Richtung des Ortes lief, von dem der Ruf sicher kam.

16.4 Old memories were coming upon him fast, and he was stirring to them as of old he stirred to the realities of which they were the shadows.

Alte Erinnerungen kamen schnell in ihm hoch, und er rührte sich zu ihnen, wie er sich früher zu den Realitäten rührte, deren Schatten sie waren.

16.5 He had done this thing before, somewhere in that other and dimly remembered world, and he was doing it again, now, running free in the open, the unpacked earth underfoot, the wide sky overhead.

Er hatte dies schon einmal getan, irgendwo in dieser anderen Welt, an die er sich nur noch schwach erinnerte, und er tat es jetzt wieder, indem er frei im Freien lief, die unverpackte Erde unter den Füßen, den weiten Himmel über sich.

17.1 They stopped by a running stream to drink, and, stopping, Buck remembered John Thornton.

Sie hielten an einem fließenden Bach, um zu trinken, und als sie stehen blieben, erinnerte sich Buck an John Thornton.

17.2 He sat down.

Er setzte sich hin.

17.3 The wolf started on toward the place from where the call surely came, then returned to him, sniffing noses and making actions as though to encourage him.

Der Wolf lief in Richtung der Stelle, von der der Ruf sicher kam, und kehrte dann zu ihm zurück, schnupperte an der Nase und machte Bewegungen, als wollte er ihn ermutigen.

17.4 But Buck turned about and started slowly on the back track.

Doch Buck drehte sich um und ging langsam den Rückweg an.

For the better part of an hour the wild brother ran by his side, whining softly.   17.5

Fast eine Stunde lang lief der wilde Bruder neben ihm her und winselte leise.

Then he sat down, pointed his nose upward, and howled.   17.6

Dann setzte er sich hin, richtete seine Nase nach oben und heulte.

It was a mournful howl, and as Buck held steadily on his way he heard it grow faint and fainter until it was lost in the distance.   17.7

Es war ein klägliches Heulen, und während Buck seinen Weg unbeirrt fortsetzte, hörte er es immer schwächer werden, bis es sich in der Ferne verlor.

John Thornton was eating dinner when Buck dashed into camp and sprang upon him in a frenzy of affection, overturning him, scrambling upon him, licking his face, biting his hand -   18.1

John Thornton aß gerade zu Abend, als Buck ins Lager stürmte und sich in einem Anfall von Zuneigung auf ihn stürzte, ihn umwarf, auf ihm herumkrabbelte, ihm das Gesicht leckte und in die Hand biss -

"playing the general tom-fool," as John Thornton characterized it, the while he shook Buck back and forth and cursed him lovingly.   18.2

"er spielte den Trottel," wie John Thornton es nannte, während er Buck hin und her schüttelte und ihn liebevoll verfluchte.

For two days and nights Buck never left camp, never let Thornton out of his sight.   19.1

Zwei Tage und Nächte lang verließ Buck das Lager nicht und ließ Thornton nicht aus den Augen.

19.2 He followed him about at his work, watched him while he ate, saw him into his blankets at night and out of them in the morning.

Er folgte ihm bei der Arbeit, beobachtete ihn beim Essen, sah, wie er nachts in seine Decken schlüpfte und sie am Morgen wieder verließ.

19.3 But after two days the call in the forest began to sound more imperiously than ever.

Doch nach zwei Tagen ertönte der Ruf aus dem Wald drängender denn je.

19.4 Buck's restlessness came back on him, and he was haunted by recollections of the wild brother, and of the smiling land beyond the divide and the run side by side through the wide forest stretches.

Bucks Unruhe kehrte zurück, und er wurde von Erinnerungen an den wilden Bruder heimgesucht, an das lächelnde Land jenseits der Wasserscheide und an den Lauf durch die weiten Wälder, die nebeneinander lagen.

19.5 Once again he took to wandering in the woods, but the wild brother came no more; and though he listened through long vigils, the mournful howl was never raised.

Erneut begann er in den Wäldern zu wandern, aber der wilde Bruder kam nicht mehr, und obwohl er lange wachend lauschte, wurde das klagende Heulen nie laut.

20.1 He began to sleep out at night,

Er begann,

20.2 staying away from camp for days at a time;

nachts draußen zu schlafen und blieb tagelang vom Lager weg;

and once he crossed the divide at the head of the   20.3
creek and went down into the land of timber and
streams.

und einmal überquerte er die Wasserscheide am Kopf des
Baches und ging hinunter in das Land der Wälder und
Bäche.

There he wandered for a week, seeking vainly for   20.4
fresh sign of the wild brother, killing his meat as he
travelled and travelling with the long, easy lope that
seems never to tire.

Dort wanderte er eine Woche lang umher und suchte
vergeblich nach neuen Anzeichen des wilden Bruders,
tötete sein Fleisch unterwegs und reiste mit dem langen,
leichten Schritt, der nie zu ermüden scheint.

He fished for salmon in a broad stream that emptied   20.5
somewhere into the sea, and by this stream he killed
a large black bear, blinded by the mosquitoes while
likewise fishing, and raging through the forest
helpless and terrible.

Er fischte Lachse in einem breiten Bach, der irgendwo ins
Meer mündete, und an diesem Bach erlegte er einen großen
schwarzen Bären, der von den Mücken geblendet war,
während er ebenfalls fischte, und hilflos und schrecklich
durch den Wald wütete.

Even so, it was a hard fight, and it aroused the last   20.6
latent remnants of Buck's ferocity.

Trotzdem war es ein harter Kampf, der die letzten
verbliebenen Reste von Bucks Wildheit wieder aufleben
ließ.

20.7 And two days later, when he returned to his kill and found a dozen wolverenes quarrelling over the spoil, he scattered them like chaff;

Als er zwei Tage später zu seiner Beute zurückkehrte und ein Dutzend Wolfsweibchen vorfand, die sich um die Beute stritten, zerstreute er sie wie Spreu;

20.8 and those that fled left two behind who would quarrel no more.

und diejenigen, die flohen, ließen zwei zurück, die sich nicht mehr streiten wollten.

21.1 The blood-longing became stronger than ever before.

Die Sehnsucht nach Blut wurde stärker als je zuvor.

21.2 He was a killer, a thing that preyed, living on the things that lived, unaided, alone, by virtue of his own strength and prowess, surviving triumphantly in a hostile environment where only the strong survived.

Er war ein Killer, ein Raubtier, das sich von den Dingen ernährte, die lebten, allein, kraft seiner eigenen Stärke und Tüchtigkeit, und er überlebte triumphierend in einer feindlichen Umgebung, in der nur die Starken überlebten.

21.3 Because of all this he became possessed of a great pride in himself,

Aufgrund all dessen wurde er von einem großen Stolz auf sich selbst besessen,

21.4 which communicated itself like a contagion to his physical being.

der sich wie eine Ansteckung auf sein körperliches Wesen übertrug.

It advertised itself in all his movements, was
apparent in the play of every muscle, spoke plainly as
speech in the way he carried himself, and made his
glorious furry coat if anything more glorious.

21.5

Er kündigte sich in all seinen Bewegungen an, zeigte sich
im Spiel jedes Muskels, sprach in der Art und Weise, wie
er sich trug, eine deutliche Sprache und machte sein
prächtiges Fell noch prächtiger.

But for the stray brown on his muzzle and above
his eyes, and for the splash of white hair that ran
midmost down his chest, he might well have been
mistaken for a gigantic wolf, larger than the largest
of the breed.

21.6

Wären da nicht die verstreuten braunen Stellen an der
Schnauze und über den Augen und der weiße Haarbüschel
in der Mitte seiner Brust, hätte man ihn für einen riesigen
Wolf halten können, größer als die größten seiner Rasse.

From his St. Bernard father he had inherited size
and weight, but it was his shepherd mother who had
given shape to that size and weight.

21.7

Von seinem Bernhardiner-Vater hatte er Größe und
Gewicht geerbt, aber es war seine Schäferhund-Mutter,
die dieser Größe und diesem Gewicht Form gegeben hatte.

His muzzle was the long wolf muzzle,

21.8

Seine Schnauze war die lange Wolfsschnauze,

save that it was larger than the muzzle of any wolf;

21.9

nur dass sie größer war als die Schnauze irgendeines
Wolfes;

and his head, somewhat broader, was the wolf head
on a massive scale.

21.10

und sein Kopf, der etwas breiter war, war der Wolfskopf in
einem massiven Ausmaß.

22.1 His cunning was wolf cunning, and wild cunning;

Seine Gerissenheit war die eines Wolfes und die eines Wilden;

22.2 his intelligence, shepherd intelligence and St. Bernard intelligence;

seine Intelligenz die eines Schäfers und die eines Bernhardiners;

22.3 and all this, plus an experience gained in the fiercest of schools, made him as formidable a creature as any that roamed the wild.

und all das, zusammen mit der Erfahrung, die er in den härtesten Schulen gesammelt hatte, machte ihn zu einer ebenso furchterregenden Kreatur wie alle anderen, die in der Wildnis umherzogen.

22.4 A carnivorous animal living on a straight meat diet, he was in full flower, at the high tide of his life, overspilling with vigor and virility.

Als Fleischfresser, der sich ausschließlich von Fleisch ernährte, stand er in voller Blüte, auf dem Höhepunkt seines Lebens, strotzte vor Kraft und Männlichkeit.

22.5 When Thornton passed a caressing hand along his back, a snapping and crackling followed the hand, each hair discharging its pent magnetism at the contact.

Als Thornton mit einer streichelnden Hand über seinen Rücken fuhr, folgte der Hand ein Schnappen und Knistern, wobei jedes Haar bei der Berührung seinen gespeicherten Magnetismus entlud.

Every part, brain and body, nerve tissue and fibre, was keyed to the most exquisite pitch; and between all the parts there was a perfect equilibrium or adjustment.

22.6

Jeder Teil des Gehirns und des Körpers, des Nervengewebes und der Fasern war auf die feinste Tonhöhe eingestellt, und zwischen allen Teilen herrschte ein perfektes Gleichgewicht oder Gleichgewicht.

To sights and sounds and events which required action, he responded with lightning-like rapidity.

22.7

Auf Anblicke, Geräusche und Ereignisse, die ein Handeln erforderten, reagierte er mit blitzartiger Schnelligkeit.

Quickly as a husky dog could leap to defend from attack or to attack, he could leap twice as quickly.

22.8

So schnell wie ein Schlittenhund springen kann, um sich vor einem Angriff zu schützen oder anzugreifen, konnte er doppelt so schnell springen.

He saw the movement, or heard sound, and responded in less time than another dog required to compass the mere seeing or hearing.

22.9

Er sah die Bewegung oder hörte das Geräusch und reagierte in weniger Zeit, als ein anderer Hund für das bloße Sehen oder Hören benötigte.

He perceived and determined and responded in the same instant.

22.10

Er nahm wahr, entschied und reagierte im selben Augenblick.

22.11 In point of fact the three actions of perceiving, determining, and responding were sequential; but so infinitesimal were the intervals of time between them that they appeared simultaneous.

Die drei Vorgänge des Wahrnehmens, Bestimmens und Reagierens erfolgten tatsächlich nacheinander, aber die Zeitabstände zwischen ihnen waren so winzig, dass sie gleichzeitig zu erfolgen schienen.

22.12 His muscles were surcharged with vitality, and snapped into play sharply, like steel springs.

Seine Muskeln strotzten vor Vitalität und sprangen scharf an, wie Stahlfedern.

22.13 Life streamed through him in splendid flood, glad and rampant, until it seemed that it would burst him asunder in sheer ecstasy and pour forth generously over the world.

Das Leben durchströmte ihn in einer prächtigen Flut, froh und unbändig, bis es schien, als würde es ihn in schierer Ekstase zerreißen und sich großzügig über die Welt ergießen.

23.1 "Never was there such a dog,"

"So einen Hund hat es noch nie gegeben,"

23.2 said John Thornton one day,

sagte John Thornton eines Tages,

23.3 as the partners watched Buck marching out of camp.

als die Partner Buck aus dem Lager marschieren sahen.

24.1 "When he was made, the mould was broke," said Pete.

"Als er geschaffen wurde, war die Form zerbrochen," sagte Pete.

"Py jingo! I t'ink so mineself," Hans affirmed.   25.1
"Py jingo! Ich t'ink selbst," bestätigte Hans.

They saw him marching out of camp, but they did not   26.1
see the instant and terrible transformation which
took place as soon as he was within the secrecy of the
forest.
Sie sahen ihn aus dem Lager marschieren, aber sie sahen
nicht die augenblickliche und schreckliche Verwandlung,
die sich vollzog, sobald er in der Verborgenheit des Waldes
war.

He no longer marched.   26.2
Er marschierte nicht mehr.

At once he became a thing of the wild, stealing along   26.3
softly, cat-footed, a passing shadow that appeared
and disappeared among the shadows.
Mit einem Mal wurde er zu einem Wesen der Wildnis,
das sich leise und katzenfüßig dahinschlich, ein
vorbeiziehender Schatten, der zwischen den Schatten
auftauchte und verschwand.

He knew how to take advantage of every cover, to   26.4
crawl on his belly like a snake, and like a snake to leap
and strike.
Er verstand es, jede Deckung auszunutzen, auf dem Bauch
zu kriechen wie eine Schlange, und wie eine Schlange zu
springen und zuzuschlagen.

He could take a ptarmigan from its nest, kill a rabbit   26.5
as it slept, and snap in mid air the little chipmunks
fleeing a second too late for the trees.
Er konnte ein Schneehuhn aus dem Nest holen,
ein Kaninchen im Schlaf erlegen und die kleinen
Streifenhörnchen, die eine Sekunde zu spät in die Bäume
flüchteten, in der Luft zerreißen.

26.6 Fish, in open pools, were not too quick for him; nor were beaver, mending their dams, too wary.

Fische in offenen Tümpeln waren nicht zu schnell für ihn, und auch Biber, die ihre Dämme flickten, waren nicht zu wachsam.

26.7 He killed to eat, not from wantonness; but he preferred to eat what he killed himself.

Er tötete, um zu essen, nicht aus Übermut, aber er aß lieber, was er selbst getötet hatte.

26.8 So a lurking humor ran through his deeds, and it was his delight to steal upon the squirrels, and, when he all but had them, to let them go, chattering in mortal fear to the treetops.

So durchzog ein lauernder Humor seine Taten, und es war ihm ein Vergnügen, sich auf die Eichhörnchen zu stürzen und sie, wenn er sie fast hatte, loszulassen, wobei sie in Todesangst bis in die Baumkronen schnatterten.

27.1 As the fall of the year came on, the moose appeared in greater abundance, moving slowly down to meet the winter in the lower and less rigorous valleys.

Mit dem Herbst kamen die Elche in größerer Zahl und zogen langsam hinunter, um in den tieferen und weniger strengen Tälern zu überwintern.

27.2 Buck had already dragged down a stray part-grown calf; but he wished strongly for larger and more formidable quarry, and he came upon it one day on the divide at the head of the creek.

Buck hatte bereits ein verirrtes, halbwüchsiges Kalb erlegt, aber er sehnte sich nach einer größeren und furchterregenderen Beute, und eines Tages stieß er auf der Wasserscheide am Kopf des Baches auf sie.

A band of twenty moose had crossed over from the land of streams and timber,

27.3

Eine Gruppe von zwanzig Elchen war aus dem Land der Bäche und Wälder herübergekommen,

and chief among them was a great bull.

27.4

und der wichtigste von ihnen war ein großer Bulle.

He was in a savage temper, and, standing over six feet from the ground, was as formidable an antagonist as even Buck could desire.

27.5

Er war in wilder Laune und mit einer Höhe von über zwei Metern war er ein furchterregender Gegner, wie ihn sich selbst Buck nur wünschen konnte.

Back and forth the bull tossed his great palmated antlers, branching to fourteen points and embracing seven feet within the tips.

27.6

Der Bulle warf sein großes, handtellergroßes Geweih, das sich in vierzehn Spitzen verzweigte und an den Spitzen sieben Fuß hoch war, hin und her.

His small eyes burned with a vicious and bitter light,

27.7

Seine kleinen Augen brannten mit einem bösartigen und bitteren Licht,

while he roared with fury at sight of Buck.

27.8

während er beim Anblick von Buck vor Wut brüllte.

From the bull's side, just forward of the flank, protruded a feathered arrow-end, which accounted for his savageness.

28.1

Aus der Seite des Bullen, kurz vor der Flanke, ragte eine gefiederte Pfeilspitze heraus, was seine Wildheit erklärte.

28.2 Guided by that instinct which came from the old hunting days of the primordial world, Buck proceeded to cut the bull out from the herd.

Geleitet von dem Instinkt, der aus den alten Jagdtagen der Urwelt stammte, machte sich Buck daran, den Bullen aus der Herde herauszuschneiden.

28.3 It was no slight task.

Das war keine leichte Aufgabe.

28.4 He would bark and dance about in front of the bull, just out of reach of the great antlers and of the terrible splay hoofs which could have stamped his life out with a single blow.

Er bellte und tanzte vor dem Bullen herum, gerade außerhalb der Reichweite des großen Geweihs und der schrecklichen Spreizhufe, die sein Leben mit einem einzigen Schlag hätten zerstören können.

28.5 Unable to turn his back on the fanged danger and go on, the bull would be driven into paroxysms of rage.

Der Bulle war nicht in der Lage, der zähnefletschenden Gefahr den Rücken zuzukehren und weiterzugehen, und wurde von Wutanfällen geplagt.

28.6 At such moments he charged Buck, who retreated craftily, luring him on by a simulated inability to escape.

In solchen Momenten stürzte er sich auf Buck, der sich geschickt zurückzog und ihn mit einer vorgetäuschten Unfähigkeit zu entkommen anlockte.

But when he was thus separated from his fellows, two
or three of the younger bulls would charge back upon
Buck and enable the wounded bull to rejoin the herd.

28.7

Als er auf diese Weise von seinen Artgenossen getrennt
wurde, stürzten sich zwei oder drei der jüngeren Bullen
wieder auf Buck und ermöglichten es dem verwundeten
Bullen, sich wieder der Herde anzuschließen.

There is a patience of the wild -

29.1

Es gibt eine Geduld der Wildnis -

dogged, tireless, persistent as life itself -

29.2

hündisch, unermüdlich, hartnäckig wie das Leben selbst -,

that holds motionless for endless hours the spider
in its web, the snake in its coils, the panther in its
ambuscade;

29.3

die die Spinne in ihrem Netz, die Schlange in ihren
Windungen, den Panther in seinem Hinterhalt für endlose
Stunden unbeweglich hält;

this patience belongs peculiarly to life when it hunts
its living food;

29.4

diese Geduld gehört besonders zum Leben, wenn es seine
lebende Nahrung jagt;

and it belonged to Buck as he clung to the flank of the
herd, retarding its march, irritating the young bulls,
worrying the cows with their half-grown calves, and
driving the wounded bull mad with helpless rage.

29.5

Und sie gehörte zu Buck, der sich an die Flanke der Herde
klammerte, ihren Marsch verlangsamte, die jungen Bullen
irritierte, die Kühe mit ihren halbwüchsigen Kälbern
beunruhigte und den verwundeten Bullen vor hilfloser
Wut in den Wahnsinn trieb.

29.6 **For half a day this continued.**

Das ging einen halben Tag lang so weiter.

29.7 **Buck multiplied himself, attacking from all sides, enveloping the herd in a whirlwind of menace, cutting out his victim as fast as it could rejoin its mates, wearing out the patience of creatures preyed upon, which is a lesser patience than that of creatures preying.**

Buck vervielfachte sich, griff von allen Seiten an, hüllte die Herde in einen Wirbelwind der Bedrohung, schnitt sein Opfer so schnell aus, wie es zu seinen Artgenossen zurückkehren konnte, und zermürbte die Geduld der Beutetiere, die eine geringere Geduld ist als die der Beutetiere.

30.1 **As the day wore along and the sun dropped to its bed in the northwest (the darkness had come back and the fall nights were six hours long),**

Je länger der Tag dauerte und je tiefer die Sonne im Nordwesten sank (die Dunkelheit war zurückgekehrt und die Herbstnächte waren sechs Stunden lang),

30.2 **the young bulls retraced their steps more and more reluctantly to the aid of their beset leader.**

desto widerwilliger gingen die Jungbullen ihrem bedrängten Anführer zu Hilfe.

30.3 **The down-coming winter was harrying them on to the lower levels, and it seemed they could never shake off this tireless creature that held them back.**

Der herannahende Winter drängte sie in die tieferen Ebenen, und es schien, als könnten sie diese unermüdliche Kreatur, die sie zurückhielt, niemals abschütteln.

Besides, it was not the life of the herd, or of the young bulls, that was threatened. 30.4

Außerdem war nicht das Leben der Herde oder der Jungbullen in Gefahr.

The life of only one member was demanded, which was a remoter interest than their lives, and in the end they were content to pay the toll. 30.5

Es ging nur um das Leben eines einzigen Mitglieds der Herde, und das war ein entfernteres Interesse als ihr Leben, und schließlich begnügten sie sich damit, den Tribut zu zahlen.

As twilight fell the old bull stood with lowered head, 31.1

Als die Dämmerung hereinbrach,

watching his mates - 31.2

stand der alte Bulle mit gesenktem Kopf da und beobachtete seine Kameraden -

the cows he had known, the calves he had fathered, the bulls he had mastered - 31.3

die Kühe, die er gekannt hatte, die Kälber, die er gezeugt hatte, die Bullen, die er gemeistert hatte -,

as they shambled on at a rapid pace through the fading light. 31.4

wie sie in schnellem Tempo durch das schwindende Licht weiterwatschelten.

He could not follow, for before his nose leaped the merciless fanged terror that would not let him go. 31.5

Er konnte ihnen nicht folgen, denn vor seiner Nase sprang der unbarmherzige Schrecken mit den Reißzähnen, der ihn nicht loslassen wollte.

31.6 Three hundredweight more than half a ton he weighed;

Drei Zentner, mehr als eine halbe Tonne, wog er;

31.7 he had lived a long, strong life, full of fight and struggle, and at the end he faced death at the teeth of a creature whose head did not reach beyond his great knuckled knees.

er hatte ein langes, starkes Leben voller Kampf und Ringen gelebt, und am Ende sah er dem Tod durch die Zähne einer Kreatur ins Auge, deren Kopf nicht über seine großen, knöchernen Knie reichte.

32.1 From then on, night and day, Buck never left his prey, never gave it a moment's rest, never permitted it to browse the leaves of trees or the shoots of young birch and willow.

Von da an ließ Buck seine Beute Tag und Nacht nicht mehr los, gönnte ihr keinen Augenblick Ruhe, erlaubte ihr nicht, die Blätter der Bäume oder die Triebe der jungen Birken und Weiden zu durchstöbern.

32.2 Nor did he give the wounded bull opportunity to slake his burning thirst in the slender trickling streams they crossed.

Auch gab er dem verwundeten Bullen keine Gelegenheit, seinen brennenden Durst in den kleinen, tröpfelnden Bächen zu stillen, die sie durchquerten.

32.3 Often, in desperation, he burst into long stretches of flight.

Oft brach er in seiner Verzweiflung in eine lange Flucht aus.

At such times Buck did not attempt to stay him, but loped easily at his heels, satisfied with the way the game was played, lying down when the moose stood still, attacking him fiercely when he strove to eat or drink. 32.4

In solchen Momenten versuchte Buck nicht, ihn aufzuhalten, sondern hängte sich einfach an seine Fersen, zufrieden mit der Art und Weise, wie das Spiel gespielt wurde, indem er sich hinlegte, wenn der Elch stillstand, und ihn heftig angriff, wenn er zu essen oder zu trinken versuchte.

The great head drooped more and more under its tree of horns, 33.1

Der große Kopf senkte sich immer mehr unter seinem Hörnerbaum,

and the shambling trot grew weak and weaker. 33.2

und der watschelnde Trab wurde schwächer und schwächer.

He took to standing for long periods, with nose to the ground and dejected ears dropped limply; and Buck found more time in which to get water for himself and in which to rest. 33.3

Er blieb lange Zeit stehen, mit der Nase auf dem Boden, die Ohren schlaff gesenkt, und Buck fand mehr Zeit, um sich Wasser zu holen und auszuruhen.

At such moments, panting with red lolling tongue and with eyes fixed upon the big bull, it appeared to Buck that a change was coming over the face of things. 33.4

In solchen Momenten, keuchend, mit roter, heraushängender Zunge und den Blick auf den großen Bullen gerichtet, schien es Buck, als würde sich das Blatt wenden.

33.5 **He could feel a new stir in the land.**

Er spürte eine neue Bewegung im Land.

33.6 **As the moose were coming into the land, other kinds of life were coming in.**

In dem Maße, wie die Elche ins Land kamen, kamen auch andere Arten von Leben ins Land.

33.7 **Forest and stream and air seemed palpitant with their presence.**

Wald, Bach und Luft schienen von ihrer Anwesenheit zu beben.

33.8 **The news of it was borne in upon him, not by sight, or sound, or smell, but by some other and subtler sense.**

Er erfuhr davon nicht durch Sehen, Hören oder Riechen, sondern durch einen anderen, feineren Sinn.

33.9 **He heard nothing, saw nothing, yet knew that the land was somehow different; that through it strange things were afoot and ranging; and he resolved to investigate after he had finished the business in hand.**

Er hörte nichts, sah nichts, aber er wusste, dass das Land irgendwie anders war, dass sich dort seltsame Dinge abspielten und bewegten, und er beschloss, das zu untersuchen, nachdem er sein Geschäft abgeschlossen hatte.

34.1 **At last, at the end of the fourth day, he pulled the great moose down.**

Endlich, am Ende des vierten Tages, zog er den großen Elch herunter.

34.2 **For a day and a night he remained by the kill, eating and sleeping, turn and turn about.**

Einen Tag und eine Nacht lang blieb er bei dem erlegten Tier, aß und schlief, drehte und wendete sich.

Then, rested, refreshed and strong, he turned his face toward camp and John Thornton. 34.3

Dann, ausgeruht, erfrischt und gestärkt, wandte er sein Gesicht dem Lager und John Thornton zu.

He broke into the long easy lope, and went on, hour after hour, never at loss for the tangled way, heading straight home through strange country with a certitude of direction that put man and his magnetic needle to shame. 34.4

Er setzte sich in den langen, leichten Trab und ging weiter, Stunde um Stunde, immer auf dem richtigen Weg, geradewegs nach Hause durch das fremde Land, mit einer Richtungssicherheit, die den Menschen und seine Magnetnadel in den Schatten stellte.

As he held on he became more and more conscious of the new stir in the land. 35.1

Je länger er durchhielt, desto mehr wurde er sich der neuen Bewegung im Land bewusst.

There was life abroad in it different from the life which had been there throughout the summer. 35.2

Es herrschte ein anderes Leben als das, das den ganzen Sommer über dort geherrscht hatte.

No longer was this fact borne in upon him in some subtle, 35.3

Diese Tatsache wurde ihm nicht mehr auf eine subtile,

mysterious way. 35.4

geheimnisvolle Weise vermittelt.

The birds talked of it, the squirrels chattered about it, the very breeze whispered of it. 35.5

Die Vögel sprachen davon, die Eichhörnchen schnatterten, selbst der Wind flüsterte davon.

35.6 **Several times he stopped and drew in the fresh morning air in great sniffs, reading a message which made him leap on with greater speed.**

Mehrmals blieb er stehen und sog die frische Morgenluft in großen Zügen ein, um eine Botschaft zu lesen, die ihn dazu veranlasste, noch schneller voranzukommen.

35.7 **He was oppressed with a sense of calamity happening, if it were not calamity already happened; and as he crossed the last watershed and dropped down into the valley toward camp, he proceeded with greater caution.**

Ihn bedrückte das Gefühl, dass ein Unglück geschehen würde, wenn es nicht schon geschehen war, und als er die letzte Wasserscheide überquerte und ins Tal zum Lager hinabstieg, ging er mit größerer Vorsicht vor.

36.1 **Three miles away he came upon a fresh trail that sent his neck hair rippling and bristling,**

Drei Meilen entfernt stieß er auf eine neue Fährte,

36.2 **It led straight toward camp and John Thornton.**

die ihm die Nackenhaare zu Berge stehen ließ und geradewegs zum Lager und zu John Thornton führte.

36.3 **Buck hurried on, swiftly and stealthily, every nerve straining and tense, alert to the multitudinous details which told a story -**

Buck eilte weiter, schnell und verstohlen, alle Nerven angespannt und wachsam gegenüber den zahlreichen Details, die eine Geschichte erzählten -

36.4 **all but the end.**

alle bis auf das Ende.

His nose gave him a varying description of the passage of the life on the heels of which he was travelling.

36.5

Seine Nase beschrieb ihm den Verlauf des Lebens, auf dessen Spuren er unterwegs war.

He remarked the pregnant silence of the forest.

36.6

Er bemerkte die trächtige Stille des Waldes.

The bird life had flitted.

36.7

Die Vögel waren ausgeflogen.

The squirrels were in hiding.

36.8

Die Eichhörnchen waren in ihren Verstecken.

One only he saw, — a sleek gray fellow, flattened against a gray dead limb so that he seemed a part of it, a woody excrescence upon the wood itself.

36.9

Nur ein einziges sah er, einen schlanken, grauen Kerl, der sich an einen grauen, toten Baumstamm lehnte, so dass er ein Teil davon zu sein schien, ein waldiger Auswuchs des Waldes selbst.

As Buck slid along with the obscureness of a gliding shadow, his nose was jerked suddenly to the side as though a positive force had gripped and pulled it.

37.1

Als Buck mit der Unauffälligkeit eines gleitenden Schattens dahinglitt, wurde seine Nase plötzlich zur Seite gerissen, als hätte eine positive Kraft sie gepackt und gezogen.

He followed the new scent into a thicket and found Nig.

37.2

Er folgte der neuen Fährte in ein Dickicht und fand Nig.

37.3 He was lying on his side, dead where he had dragged himself, an arrow protruding, head and feathers, from either side of his body.

Er lag auf der Seite, tot, wo er sich hingeschleppt hatte, und ein Pfeil ragte mit der Spitze und den Federn auf beiden Seiten aus seinem Körper heraus.

38.1 A hundred yards farther on,

Hundert Yards weiter stieß Buck auf einen der Schlittenhunde,

38.2 Buck came upon one of the sled-dogs Thornton had bought in Dawson.

die Thornton in Dawson gekauft hatte.

38.3 This dog was thrashing about in a death-struggle, directly on the trail, and Buck passed around him without stopping.

Dieser Hund war in einem Todeskampf, direkt auf der Spur, und Buck ging um ihn herum, ohne anzuhalten.

38.4 From the camp came the faint sound of many voices,

Aus dem Lager ertönte der schwache Klang vieler Stimmen,

38.5 rising and falling in a sing-song chant.

die in einem Singsang auf und ab gingen.

38.6 Bellying forward to the edge of the clearing, he found Hans, lying on his face, feathered with arrows like a porcupine.

Als er sich an den Rand der Lichtung vorschob, fand er Hans auf dem Gesicht liegend, von Pfeilen durchbohrt wie ein Stachelschwein.

At the same instant Buck peered out where the spruce-bough lodge had been and saw what made his hair leap straight up on his neck and shoulders. 38.7

Im selben Augenblick spähte Buck dort hinaus, wo die Hütte aus Fichtenzweigen gestanden hatte, und sah, was ihm die Haare im Nacken und auf den Schultern zu Berge stehen ließ.

A gust of overpowering rage swept over him. 38.8

Ein überwältigender Wutanfall fegte über ihn hinweg.

He did not know that he growled, but he growled aloud with a terrible ferocity. 38.9

Er wusste nicht, dass er knurrte, aber er knurrte laut und mit einer furchtbaren Heftigkeit.

For the last time in his life he allowed passion to usurp cunning and reason, and it was because of his great love for John Thornton that he lost his head. 38.10

Zum letzten Mal in seinem Leben ließ er zu, dass die Leidenschaft über List und Verstand siegte, und wegen seiner großen Liebe zu John Thornton verlor er den Kopf.

The Yeehats were dancing about the wreckage of the spruce-bough lodge when they heard a fearful roaring and saw rushing upon them an animal the like of which they had never seen before. 39.1

Die Yeehats tanzten um die Trümmer der Fichtenhütte herum, als sie ein furchtbares Gebrüll hörten und ein Tier auf sie zustürmen sahen, das sie noch nie zuvor gesehen hatten.

It was Buck, a live hurricane of fury, hurling himself upon them in a frenzy to destroy. 39.2

Es war Buck, ein lebendiger Wirbelsturm der Wut, der sich in einem Rausch der Zerstörung auf sie stürzte.

39.3 He sprang at the foremost man (it was the chief of the
Yeehats),

Er stürzte sich auf den vordersten Mann (es war der
Häuptling der Yeehats) und riss ihm die Kehle weit auf,

39.4 ripping the throat wide open till the rent jugular
spouted a fountain of blood.

bis aus der aufgerissenen Halsader eine Blutfontäne
sprudelte.

39.5 He did not pause to worry the victim, but ripped in
passing, with the next bound tearing wide the throat
of a second man.

Er hielt nicht inne, um das Opfer zu beunruhigen, sondern
riss im Vorbeigehen und mit dem nächsten Satz die Kehle
eines zweiten Mannes auf.

39.6 There was no withstanding him.

Es gab kein Halten mehr für ihn.

39.7 He plunged about in their very midst, tearing,
rending, destroying, in constant and terrific motion
which defied the arrows they discharged at him.

Er stürzte sich mitten unter sie, riss, zerriss, zerstörte,
in ständiger und furchtbarer Bewegung, die den Pfeilen
trotzte, die sie auf ihn abfeuerten.

39.8 In fact, so inconceivably rapid were his movements,
and so closely were the Indians tangled together, that
they shot one another with the arrows;

Tatsächlich waren seine Bewegungen so unvorstellbar
schnell und die Indianer so dicht beieinander, dass sie sich
gegenseitig mit den Pfeilen beschossen;

and one young hunter, hurling a spear at Buck in mid air, drove it through the chest of another hunter with such force that the point broke through the skin of the back and stood out beyond.

39.9

und ein junger Jäger schleuderte einen Speer mitten in der Luft nach Buck und trieb ihn mit solcher Wucht durch die Brust eines anderen Jägers, dass die Spitze die Haut des Rückens durchbrach und darüber hinaus ragte.

Then a panic seized the Yeehats, and they fled in terror to the woods, proclaiming as they fled the advent of the Evil Spirit.

39.10

Da ergriff die Yeehats eine Panik, und sie flohen voller Angst in die Wälder und verkündeten auf ihrer Flucht die Ankunft des Bösen Geistes.

And truly Buck was the Fiend incarnate,

40.1

Und Buck war wirklich der leibhaftige Teufel,

raging at their heels and dragging them down like deer as they raced through the trees.

40.2

der sich an ihre Fersen heftete und sie wie Rehe durch die Bäume zerrte.

It was a fateful day for the Yeehats.

40.3

Es war ein verhängnisvoller Tag für die Yeehats.

They scattered far and wide over the country,

40.4

Sie zerstreuten sich weit über das Land,

and it was not till a week later that the last of the survivors gathered together in a lower valley and counted their losses.

40.5

und erst eine Woche später versammelten sich die letzten Überlebenden in einem tiefer gelegenen Tal und zählten ihre Verluste.

40.6 As for Buck, wearying of the pursuit, he returned to the desolated camp.

Buck wurde der Verfolgung überdrüssig und kehrte zu dem verwüsteten Lager zurück.

40.7 He found Pete where he had been killed in his blankets in the first moment of surprise.

Er fand Pete dort, wo er im ersten Überraschungsmoment in seinen Decken erschlagen worden war.

40.8 Thornton's desperate struggle was fresh-written on the earth,

Thorntons verzweifelter Kampf war frisch auf die Erde geschrieben,

40.9 and Buck scented every detail of it down to the edge of a deep pool.

und Buck konnte jede Einzelheit bis zum Rand einer tiefen Pfütze riechen.

40.10 By the edge, head and fore feet in the water, lay Skeet, faithful to the last.

Am Rande des Beckens, Kopf und Füße im Wasser, lag Skeet, treu bis zum Schluss.

40.11 The pool itself, muddy and discolored from the sluice boxes, effectually hid what it contained, and it contained John Thornton;

Das Becken selbst, schlammig und verfärbt von den Schleusenkästen, verbarg wirkungsvoll, was es enthielt, und es enthielt John Thornton;

40.12 for Buck followed his trace into the water,

denn Buck folgte seiner Spur ins Wasser,

40.13 from which no trace led away.

von dem keine Spur wegführte.

All day Buck brooded by the pool or roamed restlessly
about the camp. 41.1

Den ganzen Tag brütete Buck am Teich oder streifte
ruhelos im Lager umher.

Death, as a cessation of movement, as a passing out
and away from the lives of the living, he knew, and he
knew John Thornton was dead. 41.2

Der Tod als Stillstand der Bewegung, als ein Hinausgehen
und Weggehen aus dem Leben der Lebenden, das kannte er,
und er wusste, dass John Thornton tot war.

It left a great void in him, somewhat akin to hunger,
but a void which ached and ached, and which
food could not fill, At times, when he paused to
contemplate the carcasses of the Yeehats, he forgot
the pain of it; and at such times he was aware of a
great pride in himself, — a pride greater than any he
had yet experienced. 41.3

Manchmal, wenn er innehielt, um die Kadaver der Yeehats
zu betrachten, vergaß er den Schmerz, und in solchen
Momenten war er sich eines großen Stolzes auf sich selbst
bewusst, eines Stolzes, der größer war als alles, was er
bisher erlebt hatte.

He had killed man, the noblest game of all, and he
had killed in the face of the law of club and fang. 41.4

Er hatte einen Menschen getötet, das edelste aller Tiere,
und er hatte gegen das Gesetz von Keule und Reißzahn
getötet.

He sniffed the bodies curiously. 41.5

Er schnupperte neugierig an den Leichen.

They had died so easily. 41.6

Sie waren so leicht gestorben.

41.7 It was harder to kill a husky dog than them.

Es war schwieriger, einen Schlittenhund zu töten als sie.

41.8 They were no match at all,

Ohne ihre Pfeile,

41.9 were it not for their arrows and spears and clubs.

Speere und Knüppel waren sie überhaupt kein Gegner.

41.10 Thenceforward he would be unafraid of them except when they bore in their hands their arrows, spears, and clubs.

Von nun an würde er sich nicht mehr vor ihnen fürchten, es sei denn, sie hielten ihre Pfeile, Speere und Keulen in der Hand.

42.1 Night came on, and a full moon rose high over the trees into the sky, lighting the land till it lay bathed in ghostly day.

Die Nacht brach herein, und der Vollmond stieg hoch über den Bäumen in den Himmel und beleuchtete das Land, bis es in geisterhaften Tag getaucht war.

42.2 And with the coming of the night, brooding and mourning by the pool, Buck became alive to a stirring of the new life in the forest other than that which the Yeehats had made, He stood up, listening and scenting.

Als die Nacht hereinbrach und Buck, der am Teich brütete und trauerte, eine Regung des neuen Lebens im Wald wahrnahm, das nicht von den Yeehats geschaffen worden war, stand er auf und lauschte und witterte.

42.3 From far away drifted a faint, sharp yelp, followed by a chorus of similar sharp yelps.

Aus der Ferne ertönte ein schwacher, scharfer Schrei, gefolgt von einem Chor ähnlich scharfer Kläffer.

As the moments passed the yelps grew closer and louder. _{42.4}

Im Laufe der Zeit kamen die Kläffer näher und wurden lauter.

Again Buck knew them as things heard in that other world which persisted in his memory. _{42.5}

Wieder erkannte Buck sie als Dinge, die er in der anderen Welt gehört hatte und die ihm im Gedächtnis geblieben waren.

He walked to the centre of the open space and listened. _{42.6}

Er ging in die Mitte des offenen Raums und lauschte.

It was the call, the many-noted call, sounding more luringly and compellingly than ever before. _{42.7}

Es war der Ruf, der vielbeachtete Ruf, der verlockender und unwiderstehlicher klang als je zuvor.

And as never before, he was ready to obey. _{42.8}

Und wie nie zuvor war er bereit zu gehorchen.

John Thornton was dead. The last tie was broken. _{42.9}

John Thornton war tot. Das letzte Band war zerrissen.

Man and the claims of man no longer bound him. _{42.10}

Der Mensch und die Ansprüche des Menschen banden ihn nicht mehr.

Hunting their living meat, as the Yeehats were hunting it, on the flanks of the migrating moose, the wolf pack had at last crossed over from the land of streams and timber and invaded Buck's valley. _{43.1}

Das Wolfsrudel, das sein lebendes Fleisch wie die Yeehats an den Flanken der wandernden Elche jagte, hatte endlich das Land der Flüsse und Wälder verlassen und war in Bucks Tal eingedrungen.

43.2 Into the clearing where the moonlight streamed, they poured in a silvery flood;

In die Lichtung, in die das Mondlicht strömte, ergossen sie sich in einer silbrigen Flut;

43.3 and in the centre of the clearing stood Buck, motionless as a statue, waiting their coming.

und in der Mitte der Lichtung stand Buck, reglos wie eine Statue, und wartete auf ihr Kommen.

43.4 They were awed, so still and large he stood, and a moment's pause fell, till the boldest one leaped straight for him.

Sie erschraken, so still und groß stand er da, und es verging ein Moment des Innehaltens, bis der Kühnste geradewegs auf ihn zustürzte.

43.5 Like a flash Buck struck, breaking the neck.

Wie ein Blitz schlug Buck zu und brach ihm das Genick.

43.6 Then he stood, without movement, as before, the stricken wolf rolling in agony behind him.

Dann stand er da, ohne sich zu bewegen, wie zuvor, und der angeschlagene Wolf wälzte sich in Todesangst hinter ihm.

43.7 Three others tried it in sharp succession; and one after the other they drew back, streaming blood from slashed throats or shoulders.

Drei andere versuchten es in rascher Folge, und einer nach dem anderen wich zurück, wobei Blut aus aufgeschlitzten Kehlen oder Schultern floss.

This was sufficient to fling the whole pack forward, pell-mell, crowded together, blocked and confused by its eagerness to pull down the prey. 44.1

Das reichte aus, um die ganze Meute vorwärts zu schleudern, dicht gedrängt, blockiert und verwirrt durch ihren Eifer, die Beute zu erlegen.

Buck's marvellous quickness and agility stood him in good stead. 44.2

Bucks wunderbare Schnelligkeit und Beweglichkeit kam ihm dabei zugute.

Pivoting on his hind legs, and snapping and gashing, he was everywhere at once, presenting a front which was apparently unbroken so swiftly did he whirl and guard from side to side. 44.3

Er drehte sich auf die Hinterbeine, schnappte und schlug um sich, war überall gleichzeitig und zeigte eine scheinbar ungebrochene Front, so schnell wirbelte er von einer Seite zur anderen.

But to prevent them from getting behind him, he was forced back, down past the pool and into the creek bed, till he brought up against a high gravel bank. 44.4

Um jedoch zu verhindern, dass sie hinter ihn gelangen, wurde er zurückgedrängt, am Tümpel vorbei ins Bachbett, bis er auf eine hohe Kiesbank stieß.

He worked along to a right angle in the bank which the men had made in the course of mining, and in this angle he came to bay, protected on three sides and with nothing to do but face the front. 44.5

Er arbeitete sich bis zu einem rechten Winkel in der Bank vor, den die Männer beim Abbau geschaffen hatten, und in diesem Winkel kam er zur Ruhe, von drei Seiten geschützt und mit nichts anderem zu tun, als nach vorne zu schauen.

45.1 And so well did he face it,

Und das gelang ihm so gut,

45.2 that at the end of half an hour the wolves drew back discomfited.

dass die Wölfe nach einer halben Stunde entnervt zurückwichen.

45.3 The tongues of all were out and lolling,

Die Zungen aller waren herausgestreckt und räkelten sich,

45.4 the white fangs showing cruelly white in the moonlight.

und die weißen Reißzähne zeigten sich grausam weiß im Mondlicht.

45.5 Some were lying down with heads raised and ears pricked forward; others stood on their feet, watching him; and still others were lapping water from the pool.

Einige lagen mit erhobenen Köpfen und gespitzten Ohren da, andere standen auf den Beinen und beobachteten ihn, und wieder andere leckten Wasser aus dem Teich.

45.6 One wolf, long and lean and gray, advanced cautiously, in a friendly manner, and Buck recognized the wild brother with whom he had run for a night and a day.

Ein Wolf, lang, mager und grau, näherte sich vorsichtig und freundlich, und Buck erkannte den wilden Bruder, mit dem er eine Nacht und einen Tag lang zusammen gewesen war.

45.7 He was whining softly, and, as Buck whined, they touched noses.

Er heulte leise, und als Buck heulte, berührten sie sich mit den Nasen.

Then an old wolf, gaunt and battle-scarred, came forward.   46.1

Dann trat ein alter, hagerer und kampferprobter Wolf vor.

Buck writhed his lips into the preliminary of a snarl,   46.2
but sniffed noses with him, Whereupon the old wolf
sat down, pointed nose at the moon, and broke out
the long wolf howl.

Buck verzog die Lippen zu einem vorläufigen Knurren,
schnupperte aber an der Nase, Daraufhin setzte sich der
alte Wolf hin, richtete die Nase auf den Mond und stieß das
lange Wolfsgeheul aus.

The others sat down and howled.   46.3

Die anderen setzten sich hin und heulten.

And now the call came to Buck in unmistakable   46.4
accents.

Nun ertönte der Ruf in unmissverständlichen Tönen auch
bei Buck.

He, too, sat down and howled.   46.5

Auch er setzte sich hin und heulte.

This over, he came out of his angle and the pack   46.6
crowded around him, sniffing in half-friendly, half-
savage manner.

Dann kam er aus seinem Winkel, und das Rudel drängte
sich um ihn und schnupperte halb freundlich, halb
bösartig.

The leaders lifted the yelp of the pack and sprang   46.7
away into the woods.

Die Anführer hoben das Gekläffe des Rudels auf und
sprangen in den Wald davon.

The wolves swung in behind, yelping in chorus.   46.8

Die Wölfe schwangen sich hinterher und kläfften im Chor.

46.9 **And Buck ran with them, side by side with the wild brother, yelping as he ran.**
Und Buck rannte mit ihnen, Seite an Seite mit dem wilden Bruder, und kläffte, während er rannte.

48.1 **And here may well end the story of Buck.**
Und hier könnte die Geschichte von Buck enden.

48.2 **The years were not many when the Yeehats noted a change in the breed of timber wolves;**
Es waren noch nicht viele Jahre vergangen, als die Yeehats eine Veränderung in der Rasse der Timberwölfe feststellten;

48.3 **for some were seen with splashes of brown on head and muzzle, and with a rift of white centring down the chest.**
denn einige wurden mit braunen Sprenkeln auf Kopf und Schnauze und mit einem weißen Graben in der Mitte der Brust gesehen.

48.4 **But more remarkable than this, the Yeehats tell of a Ghost Dog that runs at the head of the pack.**
Aber noch bemerkenswerter ist, dass die Yeehats von einem Geisterhund berichten, der an der Spitze des Rudels läuft.

They are afraid of this Ghost Dog, for it has cunning 48.5
greater than they, stealing from their camps in fierce
winters, robbing their traps, slaying their dogs, and
defying their bravest hunters.

Sie fürchten sich vor diesem Geisterhund, denn er ist
schlauer als sie, stiehlt sich in strengen Wintern aus ihren
Lagern, raubt ihre Fallen, tötet ihre Hunde und trotzt ihren
tapfersten Jägern.

Nay, the tale grows worse. 49.1

Nein, das Märchen wird noch schlimmer.

Hunters there are who fail to return to the camp, 49.2
and hunters there have been whom their tribesmen
found with throats slashed cruelly open and with
wolf prints about them in the snow greater than the
prints of any wolf.

Es gibt Jäger, die nicht zum Lager zurückkehren, und es
gab Jäger, die von ihren Stammesangehörigen mit grausam
aufgeschlitzter Kehle und mit Wolfsspuren im Schnee
gefunden wurden, die größer waren als die Abdrücke
irgendeines Wolfes.

Each fall, when the Yeehats follow the movement of 49.3
the moose, there is a certain valley which they never
enter.

Jedes Jahr im Herbst, wenn die Yeehats den Bewegungen
der Elche folgen, gibt es ein bestimmtes Tal, das sie nie
betreten.

And women there are who become sad when the 49.4
word goes over the fire of how the Evil Spirit came to
select that valley for an abiding-place.

Und es gibt Frauen, die traurig werden, wenn am
Feuer erzählt wird, wie der Böse Geist dieses Tal als
Aufenthaltsort gewählt hat.

50.1   In the summers there is one visitor, however, to that valley, of which the Yeehats do not know.

In den Sommern gibt es jedoch einen Besucher in diesem Tal, von dem die Yeehats nichts wissen.

50.2   It is a great, gloriously coated wolf, like, and yet unlike, all other wolves.

Es ist ein großer, prächtig behaarter Wolf, der allen anderen Wölfen gleicht und doch ganz anders ist.

50.3   He crosses alone from the smiling timber land and comes down into an open space among the trees.

Er durchquert allein das lächelnde Waldland und kommt hinunter auf einen offenen Platz zwischen den Bäumen.

50.4   Here a yellow stream flows from rotted moose-hide sacks and sinks into the ground, with long grasses growing through it and vegetable mould overrunning it and hiding its yellow from the sun; and here he muses for a time, howling once, long and mournfully, ere he departs.

Hier fließt ein gelber Bach aus verrotteten Elchfellsäcken und versinkt im Boden, der von langen Gräsern durchwachsen ist und von Pflanzenschimmel überwuchert wird, der sein Gelb vor der Sonne verbirgt.

51.1   But he is not always alone.

Aber er ist nicht immer allein.

When the long winter nights come on and the wolves   51.2
follow their meat into the lower valleys, he may be
seen running at the head of the pack through the pale
moonlight or glimmering borealis, leaping gigantic
above his fellows, his great throat a-bellow as he
sings a song of the younger world, which is the song
of the pack.

Wenn die langen Winternächte anbrechen und die Wölfe
ihrem Fleisch in die tieferen Täler folgen, kann man ihn an
der Spitze des Rudels durch das fahle Mondlicht oder das
schimmernde Nordlicht laufen sehen, wie er mit riesigen
Sprüngen seine Artgenossen überragt und aus seiner
großen Kehle das Lied der jungen Welt singt, das auch das
Lied des Rudels ist.

Möwenstein Books

www.mowenstein.com

Renowned Authors

H. G. Wells   •   Ernest Hemingway
H. P. Lovecraft   •   Lewis Carroll
Franz Kafka   •   Friedrich Nietzsche
Albert Einstein   •   Oscar Wilde
Hans Christian Andersen

Notable Works

Frankenstein   •   Alice in Wonderland
Heart of Darkness   •   The Great Gatsby
Siddhartha   •   The Metamorphosis
Thus Spoke Zarathustra

Translation Services

We offer translation services in various languages, including German, Spanish, Chinese, Korean, Arabic, and more. For custom translations or revisions, please contact us at:

Email: translation@mowenstein.com

Our Collections

Franz Kafka Collection

- The Metamorphosis / Die Verwandlung
- The Trial / Der Prozess
- The Castle / Das Schloss
- and many more...

Pakt mit dem Teufel

- Faust Parts I & II by Johann Wolfgang von Goethe
- Doctor Faustus by Christopher Marlowe

Portraits of Irishmen

- The Picture of Dorian Gray by Oscar Wilde
- A Portrait of the Artist as a Young Man by James Joyce

Children's Classics

- Winnie-the-Pooh / Pu der Bär
- Brothers Grimm Fairy Tales
- Fairy Tales Told for Children
    - Author: Hans Christian Andersen

Visit Us

At Möwenstein Books, we are committed to providing high-quality bilingual editions of classic works. Explore our collections and discover more titles across various genres and languages.

Website: www.mowenstein.com